AF452155

NOTES HISTORIQUES SUR LE SÉMINAIRE SAINT-IRÉNÉE

Notes Historiques

SÉMINAIRE SAINT-IRÉNÉE

—⁂—

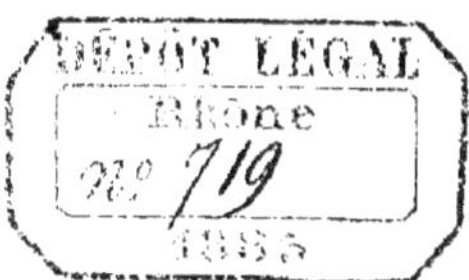

Ier SUPÉRIEUR : M. D'HURTEVENT

(1659-1671)

LYON

IMPRIMERIE A. WALTENER ET Cⁱᵉ

14, Rue Belle-Cordière, 14

—

1882

Notes Historiques

SUR LE

SÉMINAIRE SAINT-IRÉNÉE

PRÉFACE

Nous espérions offrir à nos confrères du clergé de Lyon une histoire du Séminaire Saint-Irénée. Au début, ce travail semblait facile : la mine, que nous avons eu la bonne fortune de découvrir, était riche et nous nous promettions de la fouiller à notre aise. Aujourd'hui, nous n'avons plus ni le loisir de rechercher les matériaux qui nous manquent encore, ni même le temps de mettre en œuvre les pièces utiles que nous possédons. Nous ne pouvons que ranger dans l'ordre chronologique et relier à l'aide de quelques notes les documents les plus intéressants.

Nos lecteurs voudront bien être indulgents pour ce modeste travail.

Il est précédé d'un Avant-Propos, en deux parties qui nous ont paru également nécessaires.

L'une est un aperçu sommaire de l'état du diocèse, en 1659, au moment où les prêtres de Saint-Sulpice fondèrent le Séminaire Saint-Irénée ; elle encadre, pour ainsi dire, notre sujet, en permettant de mieux saisir la nécessité de cette œuvre, ses difficultés et ses mérites.

L'autre partie, un peu plus étendue, offre quelques détails inédits sur les essais de Séminaire, qui se firent à Lyon, avant l'époque où commence notre récit. Malgré le zèle pur et généreux qui les inspira, ces tentatives n'eurent pas un plein succès et ne furent pas de longue durée. Ainsi s'expliquent, à nos yeux, le silence des historiens du diocèse, l'embarras et les contradictions, apparentes ou réelles, de plusieurs écrivains qui ont touché, sinon traité, cette question intéressante. Or, si chacun des premiers essais fut peut-être faible et impuissant, leur ensemble et leur continuité sont néanmoins fort remarquables et vraiment dignes de la Rome des Gaules. Il nous sera donc particulièrement agréable de montrer que la sainte Église de Lyon, quoi qu'on ait pu dire, ne fut pas des dernières et des moins zélées à entrer dans la voie tracée par le Concile de Trente pour la réforme et la sanctification du clergé.

Tout imparfait que soit ce travail, nous n'aurions pas su l'achever sans le concours de plusieurs personnes charitables. Nous devons un hommage particulier de reconnaissance à M. Guigue, Archiviste en chef du Département du Rhône et de la ville de Lyon, et à M. Gamon, Directeur de la Solitude d'Issy, le modeste et digne continuateur de M. Faillon. Souvent nos questions importunes mettaient leur patience à l'épreuve, et toujours leur parfaite obligeance nous couvrait de confusion, mais sans nous étonner, parce que nous savons que cette qualité est de tradition parmi les vrais savants.

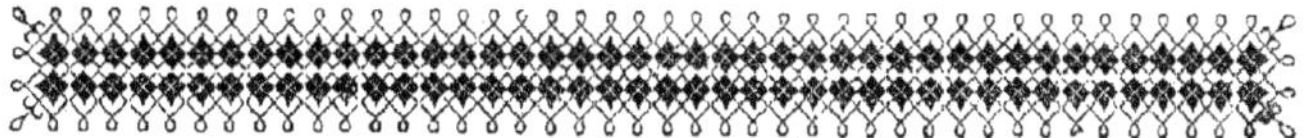

AVANT-PROPOS

Les quatre essais principaux que nous connaissons peuvent être désignés sous les titres suivants : 1° Séminaire de Saint-Jean (1618-1628). 2° Séminaire de Saint-Romain (1643).3° Séminaire de M. Crétenet (1647). 4° Séminaire des Oratoriens (1654).

1 . — Séminaire de Saint-Jean (1618-1628)

Tout en inscrivant cette date relativement récente, nous ne combattons pas la thèse historique qui veut, à travers dix siècles entiers, relier le Petit-Séminaire actuel de Saint-Jean à l'antique école de Leydrade. Que la Primatiale ait toujours eu à son service plusieurs clercs et clergeons; qu'elle leur ait constamment donné la nourriture de l'âme avec celle du corps, rien ne nous semble plus naturel et plus conforme à l'esprit de l'Eglise : telle fut, au moyen-âge, la bonne coutume des chapitres et des monastères. Ainsi voyons-nous qu'en 1617, les douze enfants de chœur de Saint-Jean vivaient en commun, sous la conduite d'un précepteur, dans les bâtiments de la vieille manécanterie ; et que « la charge de leur nourriture, chauffage et entretien, était alors confiée à Mre Edoard Doyrieu, prêtre, chevalier de la Primatiale, aux conditions stipulées dans un bail du 27 octobre 1610.

Mais toute différente était, à la même époque, la situation des quinze diacres et clercs de Saint-Jean et de Saint-Etienne. Chacun d'eux avait été présenté au Chapitre par un Chanoine qui, avec l'honneur de cette nomination, assumait la charge de lui donner le vivre et le couvert. Ce fut donc un changement considérable quand, le 10 juillet 1617, le Chapitre décida que tous les diacres et clercs seraient nourris et logés ensemble (toujours aux dépens des nominateurs) et que, pour cet effet, on accommoderait les appartements supérieurs de la Manécanterie. Le maître de chœur fut chargé de préparer la réalisation de ce dessein. (1)

Les travaux de réparation et d'aménagement étaient le moindre embarras. Il fallait encore « trouver homme capable » de conduire cette petite communauté. Or, sur les instances de Mgr de Marquemont, quelques Oratoriens venaient de s'établir à Lyon. (2) A leur tête était le P. Jean Bence, l'un des quatre premiers compagnons du cardinal de Bérulle. Egalement recommandable par la science et par la vertu, dans la pleine maturité de l'âge, il joignait à un zèle pur, généreux et désintéressé, une grande expérience des choses de Dieu et une rare connaissance des saintes Ecri-

______

(1) A la rigueur, on peut donc dire avec l'abbé Jacques (v. *l'Eglise primatiale de Saint-Jean, p. 143*) que le Séminaire fut érigé en l'année 1617. Mais cet auteur, qui d'ailleurs manque souvent de précision, commet une erreur assez étrange, quand il écrit (*p. 77*) que les *associés de Bourdoise* furent chargés de ce Séminaire en 1618. Il nous faudrait encore relever ici plusieurs passages inexacts des Articles sur *les clercs et les clergeons de Saint-Jean*, qui parurent dans la *Semaine catholique de Lyon* (11me année, octobre et novembre 1876) ; mais nous croyons savoir que leur auteur travaille à refaire et à compléter cette intéressante monographie, d'après les documents originaux.

(2) Mgr de Marquemont, à peine installé sur le siège primatial des Gaules (1613) entreprit la visite de son diocèse, dans laquelle il voulut être accompagné des PP. Métezeau et Bourgoing de l'Oratoire. Quelque temps après, par une lettre du 16 octobre 1616, le pieux Prélat demanda au P. de Bérulle de lui donner le P. Bourgoing, pour fonder une maison de l'Oratoire, dans la petite ville de Châtillon-les-Dombes, qui était presque dénuée de tout secours spirituel. Les premiers Pères envoyés s'établirent à Lyon, le 25 décembre 1616 ; mais ils n'oublièrent point la pauvre cure de Châtillon et la firent proposer à saint Vincent de Paul qui l'accepta, par obéissance et par dévouement, et qui en prit possession, le 1er août 1617. (v. *saint Vincent de Paul*, par l'abbé Meynard, tom. I. p. 106)

tures. (1) C'est à lui que, le 10 juillet 1618, après un an de recherches, les Chanoines résolurent enfin de confier cette importante mission. Il la reçut avec un vif désir, comme il le déclarait lui-même, « de rendre cette œuvre exemplaire à toute la France ; » et il promit, au nom de sa Congrégation, « de donner cinq personnes, savoir : un supérieur pour la « direction et économie de la Maison, un régent pour la « grammaire, un portier et deux frères servants, tous les· « quels contribueraient à élever les clercs en la piété, bonnes « mœurs, en la grammaire, écriture, lettres humaines, cas « de conscience et apprendre le psautier par cœur. » De leur côté, les Chanoines se chargèrent de donner un maître de cérémonies, de fournir tout le mobilier nécessaire et de payer régulièrement, au taux convenu, les pensions de leurs séminaristes.

Peut-être le P. Bence n'était-il pas très entendu en affaires temporelles. (2) A la fin de la première année, ayant constaté un déficit de 500 livres, il exposa cette difficulté au Chapitre, qui dut la résoudre avec sa générosité habituelle. Cependant le Séminaire ainsi établi n'avait pas encore de règlement. On voulait sans doute consulter l'expérience et,

(1) Né à Rouen, vers 1568, docteur de Sorbonne en 1599, il publia (1626) son *Manuale in sanctum J. C. D. N. Evangelium*, commentaire abrégé, mais clair et exact des quatre Evangiles; puis (1628) un *Manuale in omnes D. Pauli Epistolas et in septem catholicas*, où il s'attache d'ordinaire au sentiment d'Estius ; enfin une *Méthode sur la manière de lire utilement l'Ecriture Sainte*. Ces différents ouvrages, aujourd'hui trop peu connus, furent estimés, dès leur apparition, et ensuite plus d'une fois réimprimés.

Sa haute réputation de vertu et de sagesse lui valut l'honneur d'être consulté par saint Vincent de Paul, au mois d'octobre 1617, quand l'humble curé de Châtillon fut pressé par la famille de Gondi de retourner à Paris. Le P. Bence mourut à Lyon en 1642. (v. *saint Vincent de Paul* etc. par M. Maynard, tom. I, liv. 1. et 2, pp. 105-107 et 177-181. — *Le cardinal de Bérulle*, par M. Houssaye, tom. II, p. 19 et tom. III. p. 393.)

(2) Tel est le jugement de M. l'abbé Houssaye, au sujet de la facilité avec laquelle le P. Bence avait accepté de desservir le Pèlerinage de N.-D.-de-Grâce, en Forez. (v. tom. II, p. 371).

malgré un vif désir de « faire avancer aux bonnes mœurs leurs clercs et clergeons, » Messeigneurs les Comtes se hâtaient lentement dans une œuvre aussi délicate que nouvelle. Enfin, le mercredi 29 janvier 1620, ils publièrent, en Chapitre général, une série d'ordonnances sur cet important sujet. Sans nous arrêter à relever plusieurs détails curieux, notons entre autres l'article de la confession mensuelle, sous la garantie d'un billet du confesseur désigné — et de la communion, aussi mensuelle pour les plus grands, sous les yeux d'un Père de l'Oratoire ; la recommandation de la modestie et du silence, dans toutes les allées et venues entre le chœur et le séminaire ; la défense d'entrer jamais dans la chambre les uns des autres, d'y laisser entrer aucune personne du dehors, sans permission, et de parler aux passants par la fenêtre ; enfin, la durée de la récréation, qui est d'un quart d'heure seulement après le dîner et après le souper. Le tout est enjoint par « les dicts seigneurs, à peyne de prison, privation de l'habit et aultres peynes, telles que le cas l'exigera, et afin que personne n'en puisse prétendre cause d'ignorance, seront lesdictes ordonnances affichées à l'entrée et dans ledict séminaire, desfendans de les arracher aux mesmes peynes que dessus. »

Nous ignorons si le P. Bence eut quelque part à la rédaction de ce règlement ; mais nous savons qu'il ne jouissait pas d'une liberté ou d'une autorité suffisante pour le faire observer. Les Chanoines étaient les vrais Supérieurs du Séminaire. Tous les samedis, quelques-uns d'entre eux allaient à la Manécanterie, pour se renseigner sur la conduite des clercs et des clergeons. Aussi n'est-il pas surprenant que, dix ans après la fondation, (10 mars 1628) le bon P. Bence en soit réduit à se plaindre, entre autres choses, de ce que la majeure partie des clercs n'assiste point à l'oraison et à l'examen de conscience du soir. Pour remédier à un mal si grave et si commun, Messeigneurs de la Fay, de Simiano et de Saconay se contentent de rappeler les ordonnances du 29 janvier 1620, et de prescrire qu'elles soient lues désormais tous les mois, pour n'être plus oubliées. Et si de nouvelles infractions sont commises, c'est encore à l'un des Messieurs Chanoines que le coupable devra dire sa faute, en se soumettant à la pénitence qui lui sera imposée. A plus forte raison le P. Bence n'a-t-il aucune autorité sur le manécantant et ne peut-il lui donner son congé, quand celui-ci, loin de maintenir la discipline, tolère sciemment quelque désordre des clergeons et leur permet, par exemple, de dépenser à la taverne les gratifications qu'ils ont reçues pour le chant des grandes O de Noël.

Cependant, à Mgr le cardinal de Marquemont, qui, depuis dix ans, ne résidait plus à Lyon, à cause de ses fonctions d'ambassadeur à Rome, venait de succéder Mgr Charles Miron. Le nouvel archevêque, dans toute la force de l'âge, manifestait l'intention d'accomplir les réformes nécessaires au bien de son Diocèse; et la vigueur qu'il avait déployée à Angers, durant près de quarante ans, permettait d'attendre de son zèle les plus heureux résultats. Il voulut réaliser la pensée, qu'avait eue son prédécesseur, de se servir des Pères de l'Oratoire « saintement établis au Séminaire, » pour procurer aux Ordinands et aux bénéficiers la grâce des retraites ou exercices spirituels.

A cette fin, par acte du 29 juillet 1628, il donna aux « Oratoriens une salle, et les chambres au-dessus d'icelle, « joignant les prisons, avec le dessus des écuries de « l'Archevêché, pour servir de lieu plus ample et plus commode habitation. » Mais la mort du Prélat, arrivée quelques jours après, (6 août) empêcha l'effet de cette donation.

Bientôt un autre événement survint, qui détruisit le Séminaire de la Primatiale. Vers la fin du mois d'août, la peste se déclara à Lyon avec tant de violence que toutes les personnes qui pouvaient trouver un asile à la campagne s'empressèrent de quitter la ville. Des chanoines de Saint-Jean, un seul, le comte de Pravieux demeura avec les perpétuels pour assurer le service divin et pour distribuer aux pauvres les libéralités du chapitre. Or, le 19 septembre, à issue de messe, le bon chanoine entend dire qu'un des Oratoriens du Séminaire, atteint de la maladie, a été, la nuit précédente, transporté dans une autre maison, avec le confrère qui le servait. Il mande aussitôt le Père Bence, et l'invite à se retirer, en lui recommandant de fermer à clef la cuisine et les appartements qui étaient à l'usage des Pères.

A leur retour (10 mars 1629), Messieurs les comtes de Saint-Jean confièrent la nourriture des clergeons et du manécantant à M⁰ André Balignier, leur bâtonnier et geôlier des prisons du chapitre.

Pourquoi le P. Bence ne reprit-il pas alors la charge qu'il avait remplie durant dix années ? Cette question nous semble toute résolue. Il comprit que, dans les conditions qui lui étaient faites à la Manécanterie, le succès était absolument impossible.

2. — *Séminaire de Saint-Romain (1643)*

A peine le Séminaire de Saint-Jean fut-il fermé (1628) que, tout proche de la vieille Manécanterie, se fixa un nouveau centre de cléricature, si l'on peut ainsi parler, dans la petite paroisse de Saint-Romain, annexe et dépendante de la Primatiale. Cette cure, à la nomination du chapitre, avait alors pour titulaire M⁰ Benoît Puys, prêtre de l'Oratoire, docteur en théologie, que nous retrouverons plus tard chanoine-secrétain ou curé de Saint-Nizier. Autour de lui nous apparaissent successivement plusieurs prêtres, pleins de zèle et de vertu, qui eurent le bonheur de concourir plus ou moins directement à la fondation de la communauté de Saint-Romain.

C'est d'abord, au commencement de novembre 1634, le célèbre M. Bourdoise, fondateur de Saint-Nicolas du Chardonnet. En deux jours qu'il passe à Lyon, il excite une telle ferveur parmi le clergé que la plupart des curés prennent la résolution d'établir des communautés dans leurs paroisses. A peine est-il parti que tous ces bons prêtres s'adressent à Mgr de Richelieu leur archevêque (1) pour obtenir la permis-

(1) Alphonse-Louis du Plessis de Richelieu, que l'on appelait le cardinal de Lyon, pour le distinguer de son frère Armand, le célèbre cardinal-ministre. Avant d'être nommé à l'archevêché d'Aix, d'où il ne tarda pas à être transféré sur le siège primatial de Lyon, Mgr Alph. de Richelieu avait passé près de vingt années à la Grande-

sion nécessaire. A leur tête se présente un jeune prêtre, Messire Antoine Roussier, de St-Etienne, (1) intime ami du docteur B. Puys. Il est venu à Lyon quelques jours trop tard pour avoir le bonheur d'y rencontrer M. Bourdoise ; mais ils sont en communion parfaite d'idées et de sentiments ; désormais, sans se voir ici-bas, ils auront ensemble une liaison toute particulière. Depuis quelques années déjà, M. Roussier travaille avec succès à catéchiser et à donner des missions dans le diocèse ; il a même maintenant deux auxiliaires dévoués. Il propose donc à son archevêque l'œuvre de la doctrine chrétienne (ou catéchisme) pour instruire les peuples ignorants, et l'organisation des communautés presbytérales, pour faire vivre les prêtres dans une plus grande ferveur et pour servir de Séminaire aux jeunes ecclésiastiques qui voudraient recevoir les Ordres ou apprendre à en faire les fonctions. Le prélat loue hautement ces pieux desseins, mais, voyant combien ils sont difficiles à réaliser, il lui répond avec bonté : « Mon ami, donnez-moi « des ouvriers qui soient propres à faire ce que vous me « proposez et je vous accorderai ce que vous demandez. »

Quatre mois après, M. Bourdoise, revenant par Lyon, trouve les mêmes prêtres, toujours désireux de travailler à leur perfection et plus résolus que jamais à vivre en commun. Il les exhorte à persévérer dans de si bons sentiments et demeure cinq jours avec eux jusqu'à ce qu'il soit obligé de reprendre la route de Paris. (2) Toutefois, cette sainte

Chartreuse. Il parut toujours regretter son humble cellule. Sa charité envers les pauvres et son dévouement sans bornes envers les pestiférés faisaient l'admiration de son diocèse. Mais il n'avait ni goût, ni grande aptitude pour les affaires. Son administration nous semble avoir manqué d'énergie, de décision et de grandeur. Il mourut à Lyon, le 23 mars 1653.

(1) Né à Saint-Etienne, le 30 octobre 1595. — Voir la *Vie de Messire Antoine Roussier, prestre catéchiste, missionnaire ès provinces de Lionnois, Forests et Auvergne*, par Gabriel Palerme, sieur du Sardon, Conseiller du Roy, Président au bailliage du Bourg-Argental — Paris, 1645.

(2) V. *La Vie de Monsieur Bourdoise, etc.* Paris, in-4. 1714, p. 302-303. et 315.

ardeur des Curés de Lyon n'aboutit à aucun résultat durable.

Quant à M. Roussier, muni des plus amples pouvoirs par le Cardinal de Lyon, qui l'appelle volontiers « son petit saint Paul », il consacre exclusivement aux missions les dernières années d'une vie aussi courte que laborieuse. Il meurt (26 mars 1639) en prêchant un carême à Saint-Symphorien-sur-Coise ; mais il laisse après lui une petite société de missionnaires zélés, qui continueront son œuvre (1).

C'est même à l'un d'entre eux, M. Michel Combet, que revient l'honneur d'organiser à Saint-Romain la première communauté paroissiale, sur le plan de M. Bourdoise. Avec des talents médiocres, il a déjà, par la grâce de Dieu, réussi à merveille dans plusieurs missions où il a beaucoup travaillé en compagnie d'ouvriers distingués, tels que MM. Meyster et du Ferrier (2). Nommé à cette petite cure de Saint-Romain, M. Combet y reçoit avec bonheur un ecclésiastique du diocèse d'Arles, formé au Séminaire de Saint-Nicolas, M. Aymonet qui a quitté pays et bénéfices pour se donner entièrement au service de l'Eglise (3).

(1) Des prêtres furent les principaux bienfaiteurs de l'œuvre des missions diocésaines. Le 25 juin 1642, une somme de 11,000 l. et peu après, une autre de 7,000 l. furent données par Mre F. Bruyas, curé de Saint-Héand et archiprêtre de Jarrel, pour l'entretien de trois missionnaires; 3,600 l. par Mre Etienne Bouquin, curé de Saint-Ennemond de Saint-Chamond, et 1,000 par Mre Jaquemin, prêtre de Saint-Genest-Malifaux. Ainsi dotée, la communauté des missionnaires fut canoniquement reconnue le 6 avril 1657 et obtint presque aussitôt des lettres patentes, enregistrées dès le 24 novembre suivant: enfin, par acte du 7 février 1659, Mgr de Neuville lui unit la cure et l'église paroissiale de Saint-Michel-d'Ainay. Cependant la société des catéchistes de Saint-Michel ne subsista pas longtemps ; le 25 janvier 1670, elle se joignit d'elle-même aux missionnaires de Saint-Lazare, établis à Lyon depuis le 14 novembre 1668. Elle se composait alors de six prêtres: Mres François de Grésolles, seigneur de Grésolles, Marc-Antoine de la Mure, seigneur de Chantois, Pierre Baudrand, bachelier de Sorbonne, Jean Groslebois, Jean de Giraud, prieur de Roisey, supérieur, et Jean Blanc. (V. *Arch. Départementales*).

(2) v. *Mémoires Mss* de M. du Ferrier.

(3) v. *La Vie de M. Bourdoise*, cit. p. 359-360

Dès lors, dit l'historien de M. Bourdoise, « vivant tous
« deux en communauté, ils prenaient soin des jeunes ecclé-
« siastiques de cette paroisse, leur enseignant le chant, les
« rubriques et les cérémonies et leur faisant exercer les fonc-
« tions de leurs ordres. Mgr le Cardinal Archevêque de Lyon
« avait permis tout cela, et Messieurs du chapitre de Saint-
« Jean en avaient été si édifiés qu'ils avaient ordonné, par un
« acte exprès, que tous les jeunes ecclésiastiques de cette
« célèbre Eglise prendraient leurs directeurs à la paroisse
« de Saint-Romain. »

Mais en ouvrant les registres capitulaires, on a la douleur de constater que l'auteur de la *Vie de M. Bourdoise* a
singulièrement exagéré la portée de cette ordonnance.
Rendue le 10 novembre 1643, elle ne concerne que les petits
clergeons de Saint-Jean : « Les chanoines ont retenu et com-
« mis pour confesser et communier les clerjons de l'esglize
« Mre Michel Combet, catéchiste, curé de Saint-Romain
« dépendant de cette esglize, laquelle charge et commission
« ledict Combet cy présent a accepté, promis cy faire son
« debvoir. » Quant aux aînés, le sous-maître signalait au
même chapitre général leur conduite irrégulière. Il consta-
tait que presque tous les diacres et les sous-diacres s'étaient
absentés durant les vendanges, que même l'un d'entre eux,
Bertrand Tenant, n'avait pas du tout été à l'eglise, au point
que, faute de ministres, plusieurs offices avaient dû se faire à
priva (privatim). Or pour remédier à ce mal, le sous-maître
ne proposait d'autre moyen que d'appeler aux Ordres sacrés
les clercs qui seraient en âge de les recevoir.

Et même, quelques années plus tard, M. Combet dut abandonner son œuvre. En 1656, de la petite église de Saint-
Romain l'office paroissial fut transféré dans celle de Saint-
Pierre-le-Vieux, sa voisine. Le missionnaire catéchiste
fut alors nommé curé de Givors. Tout en s'appliquant à
enseigner la doctrine chrétienne aux peuples de la campagne,
il ne cessa point de s'intéresser à l'œuvre de la sanctification
du clergé et il vit avec bonheur l'établissement du Séminaire
Saint-Irénée.

3. — *Séminaire de M. Crétenet (1647)*

Nous n'oserions pas présenter comme un troisième essai
de Séminaire les efforts que fit un simple laïque pour former
de jeunes ecclésiastiques aux vertus sacerdotales, si cette
vocation singulière, longtemps en butte aux plus pénibles
contradictions, n'avait été reconnue véritable dans une assemblée de prélats et de docteurs, à laquelle assista saint Vincent de Paul et qui se tint à Paris, en 1655.

Dieu, qui employait alors le coutelier Jean Clément (1) à
la conversion des hérétiques de la capitale, voulut se servir
à Lyon du chirurgien Jacques Crétenet pour diriger quelques
ordinands dans leur préparation au sacerdoce et pour
former une nouvelle congrégation de missionnaires dio-
césains. (2) Simple *fratel*, quand il vint à Lyon, en 1628,
son dévouement au service des pestiférés lui valut un titre de
maîtrise et la main d'une jeune veuve qu'il avait guérie.
Malgré les liens du mariage et les empêchements de sa
profession, très désireux d'avancer dans les voies de la
perfection, il se mit, avec plusieurs autres personnes de
piété, sous la conduite d'une sainte religieuse, puis sous la
direction de D. Arnaud, prieur des Feuillants. Obligé de
passer quelque temps à Paris, en 1644, il entra en relations
avec les ecclésiastiques les plus zélés de la capitale et particulièrement avec M. Olier, qui conçut pour lui une grande
estime et qui voulut le faire connaître comme un modèle
de vertu aux membres de sa communauté. Bientôt même,
par suite du départ de D. Arnaud, il dut, à son tour, devenir
le chef d'une petite société de douze personnes, parmi lesquelles se trouvaient trois ordinands.

M. Crétenet commença dès lors à donner de fréquentes
instructions à toute sorte de personnes, mais surtout à

(1) On trouve quelques détails sur son zèle, sa méthode et ses
succès dans la *Vie de M. Olier*, Paris, 1873, tom. II, pp. 368-370,
400-401.

(2) Voir la *Vie de Vénérable Messire Jacques Crétenet, prestre et
instituteur de la Congrégation des prestres missionnaires de Saint-
Joseph de la ville de Lyon*, par un Ecclésiastique, Lyon, 1680

« un grand nombre d'écoliers de Philosophie et de Théologie, qui suivaient les cours des RR. PP. Jésuites. »

Aussitôt ces pieux étudiants furent taquinés, tracassés ; on
les appela Vaudois, Crétenistes ; on essaya de les détourner
de leurs pratiques de dévotion. Plusieurs tinrent bon ; et
comme la plupart, venant des montagnes du Velay et de la
Savoie, étaient assez pauvres, leur directeur eut soin de
leur ménager des retraites sûres et convenables dans
quelques maisons de la ville et recueillit même chez lui tout
ceux qu'il put loger. Se voyant à la tête d'une pension
d'étudiants ecclésiastiques, il en vint à leur tracer un
règlement dont voici les principales dispositions : « Ils se
« levoient à quatre heures, faisoient une demy-heure
« d'oraison mentale, suivie de la lecture d'un chapitre de
« l'Ecriture-Sainte. Ils donnoient ensuite à l'étude deux
« heures entières, après lesquelles ils allaient entendre ou
« célébrer la sainte Messe ; au retour, ils tenoient des acadé-
« mies pour la répétition des leçons qu'on leur avoit données
« le jour précédent, ce qui duroit jusqu'à l'entrée des
« classes ; ..... sortant du collège, ils retournoient promp-
« tement au logis pour y prendre leur repas. Avant que de
« manger, on lisoit un chapitre de quelque livre spirituel...,
« la récréation duroit une heure. Ensuite ils se retiroient dans
« leurs chambres pour y étudier et faire leurs autres exer-
« cices. A huit heures et demy du soir avait lieu la prière en
« commun et depuis la prière jusqu'à l'oraison du matin,
« chacun gardoit le silence. »

Durant douze années entières, M. Crétenet rendit les
mêmes services à bon nombre d'ordinands. Mais, peut-être
sans y prendre garde, il réduisit cette œuvre à des limites
plus étroites, en proposant à ses disciples une fin particulière. En effet, l'un d'eux, natif du village de Martignat en
Bugey, ordonné prêtre vers la fin de 1647, fut, le jour même
de sa première messe, invité par M. Crétenet à prêcher
une mission dans sa propre paroisse. La proposition fut
goûtée du jeune prêtre et de plusieurs de ses confrères, qui,
avant même d'avoir achevé leur cours de théologie, commen-
cèrent, aux vacances suivantes, à évangéliser le Bugey, la

Bresse et le Dauphiné. Dès le début (octobre 1648) ils obtinrent des succès merveilleux dans la mission de Verjon, à laquelle assistèrent le marquis et la marquise de Coligny, insignes bienfaiteurs de la communauté naissante.

Nous n'avons pas à faire le récit des persécutions que subirent les jeunes missionnaires et des rudes épreuves que traversa leur pieux instituteur, coupable d'exercer sur eux une trop grande influence. Tour à tour le peuple, le clergé séculier, les communautés religieuses, son archevêque se déclarèrent contre lui ; sa conduite fut bafouée dans la rue, censurée en chaire, publiquement dénoncée par le promoteur qui fit afficher un monitoire dans tous les quartiers de la ville. Cette tempête était calmée, en 1652, lorsque M. Olier, passant par Lyon, rendit visite à M. Crétenet, et trouva près de lui un camp volant d'ouvriers apostoliques, dont le concours lui fut très utile dans la mission des Cévennes (1653-1656.)

Mais une épreuve plus pénible était réservée à M. Crétenet, sur la fin de sa vie. Il se trouva en complet désaccord avec la majeure partie de sa communauté. Il voulait que, suivant les lettres d'établissement accordées par Mgr de Neuville, le 5 octobre 1661, on se bornât à l'œuvre des Missions diocésaines, tandis que la plupart des membres désiraient bâtir à Lyon une très belle résidence et avoir la direction de quelques collèges avec divers autres emplois. Délaissé ainsi de presque tous ses disciples et obligé de se séparer d'eux, après les avoir si longtemps conduits, il se donna plus généreusement au service de Dieu. Sa femme étant morte en 1665, (1) il sollicita bientôt de son archevêque la grâce du sacerdoce et fut ordonné prêtre à Belley, le 15 août 1666. Peu de jours après, le 1er septembre, il mourut à Montluel, à l'âge de 63 ans, et les chanoines de cette ville, dont la plupart avaient été ses disciples, le firent inhumer dans leur église collégiale.

(1) Les trois enfants issus de ce mariage s'étaient consacrés à Dieu, deux filles dans le cloître, un fils, Georges, prêtre, dans la congrégation des Missionnaires.

Peut-être en punition de cette conduite, la communauté des missionnaires, qu'on appelait vulgairement Joséphistes, ne tarda pas à tomber dans le jansénisme, contre lequel le Séminaire Saint-Irénée lutta jusqu'à la Révolution. Nous aurons donc occasion de toucher parfois la suite de leur histoire. Il nous suffit, pour le moment, de remarquer que les Joséphistes ne songeaient plus à l'œuvre du Séminaire que M. Crétenet avait eue en vue dans les commencements.

4. — Séminaire des Oratoriens (1654)

Au cardinal Alphonse de Richelieu succéda Mgr Camille de Neuville de Villeroy. (1) Le nouvel archevêque venait à peine de recevoir ses bulles et n'était pas encore sacré, que déjà il s'occupait de la fondation d'un séminaire. Cette affaire, qui se traitait alors par toute la France, paraissait à Lyon d'autant plus difficile qu'on l'avait déjà entreprise sans succès; Mgr de Neuville ne devait pas lui-même réussir du premier coup, mais on lui saura toujours gré d'y avoir travaillé avec constance et dès le début de son épiscopat.

Il confia cette nouvelle tentative aux Pères de l'Oratoire. Dans la visite prolongée (du 24 avril au 4 mai 1654) que le R. P. Bourgoing, supérieur général, fit alors à ses confrères de Lyon, il s'entretint avec eux du dessein qu'avait Monseigneur l'Archevêque d'établir un séminaire dans le bâtiment qu'ils occupaient actuellement (2); et il leur recom-

---

(1) Né à Rome, le 22 août 1606, (son père y était alors ambassadeur de France), filleul du pape Paul V, abbé d'Ainay en 1611, de l'Ile-Barbe en 1618. et de plusieurs autres monastères, il fut nommé, en 1645, lieutenant général du Roi au gouvernement du Lyonnais, Forez et Beaujolais. — La famille de Villeroy n'était pas lyonnaise par l'origine, mais elle l'était devenue par les charges importantes qu'elle remplissait depuis le commencement du XVIIme siècle et qu'elle conserva comme son héritage jusqu'à la Révolution.

(2) En effet, le Séminaire fut installé dans la maison occupée alors par le noviciat : et celui-ci fut transféré dans la maison d'Espinasse, presque contigüe, qui avait été achetée en 1642. — A cette époque, le registre des visites ne mentionne qu'un petit nombre de novices Lyonnais.

manda « de s'affectionner beaucoup à cette œuvre, de s'habi-
« tuer aux cérémonies et au chant grégorien, d'y chanter
« vêpres au moins une fois la semaine et des grand'messes
« souvent. » Il régla encore que « la subsistance de chaque
« séminariste serait au moins de 200 l. par an, soit qu'ils
« la paient entière ou à moitié, ou qu'elle soit suppléée par
« Mgr l'Archevêque, mais à condition que celui-ci donnera
« au moins 600 l. par an, tant pour deux Directeurs néces-
« saires que pour les serviteurs. »

C'est bien sur ces bases que fut dressé, devant M⁰ Ravat
notaire (1), le 5 décembre 1654, un contrat d'établissement
entre les Pères de l'Oratoire de Lyon et messire Antoine
de Neuville, abbé de Saint-Just, grand-vicaire de Mgr l'Archevêque, qui lui avait donné charge verbale à cet effet.
Sans doute le Prélat ne voulut pas intervenir en personne,
afin de garder entière sa liberté, qui fut d'ailleurs, par trois
fois, expressément réservée dans le texte même de la con-
vention. Et encore les Oratoriens durent « se charger des
« meubles que mond'Seigneur leur fournirait pour le Sémi-
« naire et s'obliger à les lui rendre, quand de ce requis
« seroient. »

En conséquence, « le premier jour des avents de l'an 1654,
« M. l'abbé de Saint-Just paya 750 l. pour les six mois sui-
« vants; et, le premier jour de l'an 1655, il mit un sémina-
« riste, prêtre de Lyon, M. Seguin, pour lequel il paya 100 l.,
« une demi-année. Le 16 du même mois, il envoya M. de
« Rullieux, diacre, pourvu d'une cure, et promit de payer
« pour lui 200 l. par an. »

« En février, ils sont environ treize ordinands, qui sont
« volontairement dans le Séminaire ou pour étudier en
« philosophie, les uns à 300 l. par an, d'autres à 330 et
« d'autres à 336 l. (2). »

Ces débuts semblent brillants : ils ne le sont que trop au point
de vue financier, et voilà, croyons-nous, l'une des deux

____

(1) *V. les minutes de M⁰ Ravat* conservées à la Chambre des notaires
de Lyon.
(2) *V. les registres des Oratoriens* aux Archives du Département du
Rhône.

causes principales qui doivent détruire cette fondation. Témoin cette note que le P. Mazenod, supérieur, consigne dans le registre des assemblées, à la fin de juillet 1655 :

« On peut tirer du Séminaire plus de 1,000 l. tous les « ans, voire 2,000 ; car, depuis quatre mois et demi, cette « maison d'en bas en a tiré 800 l.,... outre qu'on a « acheté des meubles dans le Séminaire, de l'argent dud' « Séminaire, à plus de 500 l. Si on en fait autant à proportion « à l'avenir, on y profiterait de plus de 3,000 l. par an. Il im- « porte donc que les deux maisons soient en bonne intelli- « gence et bien affectionnées à la Congrégation. Nous, sous- « signé, en rendons témoignage. » *Signé* Mazenod, pr. de l'Oratoire.

En devenant une spéculation financière, l'œuvre du Sémi- naire perdait la bénédiction de Dieu, et bientôt l'estime des hommes. Le nombre des sujets n'augmente pas, non plus que leur ferveur. Durant les trois semaines qui précèdent une nouvelle visite, faite par le P. Bourgoing, en mai 1659, le P. Ronchevoles, supérieur de l'Institution, « demeure au Séminaire pour le régler. »

C'est alors que le Supérieur général confie la direction du Séminaire au P. François Ruelle, homme d'une rare prudence, d'une grande vertu et d'un zèle vraiment sacer- dotal. (1) « Avec le concours du P. J.-B. du Croquet (2), « professeur, maître des cérémonies, du chant et du chœur, « et grâce aux soins du confrère Ledoux, chargé de l'éco- « nomie, l'ordre se rétablit, en tout ce qui concerne la di- « rection, instruction et entretien des ecclésiastiques. » (3)

(1) François Ruelle, né à Vire (diocèse de Bayeux), alors âgé de 42 ans, reçu dans la Congrégation, le 5 août 1642, ordonné prêtre le 27 mars 1644, auteur d'un ouvrage intitulé : *La rencontre de saint Jean avec Jésus au Saint Sacrement*, Lyon 1666, in.-12. Ce petit volume fut composé à l'occasion du Jubilé auquel donne droit pour la ville de Lyon l'occurrence de la Fête-Dieu et de la Saint-Jean-Baptiste.

(2) J.-B. du Croquet, du diocèse d'Amiens, âgé de 38 ans, reçu le 16 mars 1644, prêtre le 15 juin 1647.

(3) « Les charges du Séminaire sont de faire ordinairement deux « conférences (de piété) par semaine aux ecclésiastiques, outre

Mais l'on ne songe plus à réaliser de si gros bénéfices, et même, selon la remarque naïve du secrétaire de cette visite : « faut noter que le P. Ruelle ne prend de chaque ecclésias- « tique que 14 sols pour chaque jour (85 écus par an), et « néanmoins ils sont bien entretenus. »

Sans doute l'insuccès des premières années autorisait Mgr de Neuville à rompre un contrat, dont la durée d'ailleurs dépendait absolument de son bon plaisir. Mais un Prélat, qui parut toujours plein de zèle et de vigilance pour préserver son diocèse de la peste du jansénisme, ne pouvait confier la formation de son clergé à une Congrégation de plus en plus divisée par les questions de la grâce. (1)

Il semble d'ailleurs que le clergé du diocèse n'avait pas pris grande confiance dans les Pères de l'Oratoire. L'année même qui suivit l'ouverture de leur Séminaire, deux Chanoines-Comtes de Saint Jean, François Simian de Montchat et Jean de la Poype de Vertrieu entrèrent à Saint-Sulpice, les 25 et 29 avril 1656, et peu après, Jacques Daujat, archiprêtre de Montbrison. En 1657, nous comptons

---

« d'autres plus fréquentes, tous les jours, durant trois semaines de- « vant le jour des ordinations, — de chanter la grand'messe, toutes « les fêtes et dimanches, et les vêpres au dimanche. — On donne « deux leçons de théologie scolastique par jour, et, chaque semaine, « une leçon de chant et de cérémonies, outre les leçons plus fré- « quentes devant les ordinations. »

Les visiteurs recommandent souvent « que les cheveux des ecclé- « siastiques soient coupés selon la règle des saints canons, *patentibus* « *auribus*, que les Séminaristes sortent rarement de la maison, qu'ils « y gardent la retraite et le silence, que tous les exercices y soient « parfaitement réglés, qu'on chante avec modestie et gravité..., » Ils expriment le vœu « qu'au moins pendant l'été, depuis Pâques jusqu'à la Toussaint, le lever soit à 4 heures 1[2. »

(1) Dès 1657, un certain nombre de membres refusèrent de sous- crire le formulaire dressé par le R. P. Bourgoing pour l'acceptation des décrets pontificaux (v. l'Oratoire en France de Mgr. Perraud, p. 211, n° 2). — En ce qui concerne Lyon, nous savons qu'après la visite faite, le 14 juin 1684, par le P. Claude-Yves d'Urphé, les PP. Bertin et Labiche ne veulent point signer simplement la profession de foi orthodoxe. Et ce sont les deux professeurs du Séminaire ! par bonheur, ils n'ont alors que deux ou trois élèves.

encore sept Lyonnais qui vont à Paris, entre autres Sauveur Manis, chanoine de Saint-Paul, et François IV de Livron de Bourbonne, abbé d'Ambournay; en 1658, plusieurs aussi, parmi lesquels nous distinguons deux chanoines de Saint-Paul et un chanoine de Fourvière.

Toutefois, l'estime particulière que Mgr de Neuville avait conçue pour la personne du P. Ruelle, le porta à lui continuer la subvention annuelle de 1500 l., qu'il avait promise en 1654. Mais, après la mort de ce bon Supérieur, arrivée le 20 décembre 1674, le Prélat n'accorda plus aucun secours au Séminaire de l'Oratoire, qui essaya encore de se soutenir quelques années, en recevant deux ou trois sujets de médiocre valeur, et qui finit pas se transformer en une pension de jeunes écoliers.

Mgr de Neuville avait d'ailleurs une autre raison de ne pas fermer aussitôt la Maison des Oratoriens. Les bâtiments du Séminaire Saint-Irénée n'étaient pas encore construits, et le local provisoire où s'établirent les prêtres de Saint-Sulpice ne pouvait recevoir un grand nombre d'ecclésiastiques.

II. — État du Diocèse de Lyon, en 1659

Pour connaître la situation exacte du Diocèse de Lyon, au milieu du XVIIe siècle, les documents historiques ne font pas défaut. Mais les compulser dans les Archives où ils demeurent enfouis, ce n'est pas l'œuvre d'un jour, ni d'une année. Si jamais un jeune prêtre se sent épris d'une noble passion pour l'histoire de l'Église primatiale des Gaules, il devra consacrer sa vie entière à ce rude labeur. Une multitude de personnages qu'on voudrait étudier, dans leur conduite privée, dans leurs fonctions publiques et dans leurs relations mutuelles; tout un système d'institutions détruites, de rouages administratifs depuis longtemps brisés, qu'il faudrait remettre en jeu, pour bien comprendre de quelle action jouissaient les différents organes, par quel ressort se mouvaient toutes les pièces de cette vieille société : voilà, certes, une matière bien étendue.

A peine connaît-on, par un petit in-18 de Guichenon, (1) la belle et noble physionomie de Mgr Camille de Neuville. Les jansénistes se sont plus à la défigurer, à la noircir. Elle ne demande qu'à être remise en pleine lumière pour être admirée et aimée. C'est ce grand archevêque, qui, durant quarante années, préside à ce renouvellement de la vie sacerdotale et chrétienne dont nous venons d'apercevoir les germes à l'époque antérieure.

Sans doute, au début de son épiscopat, on ne s'habitue guère à le considérer comme le pasteur des âmes qui lui sont confiées. Il continuera d'exercer la charge de lieutenant général du Roi, et « avec tant de distinction, qu'on peut le « regarder comme le dernier seigneur qui ait été en France, « avec tant d'autorité que tout tremblait devant lui, la ville, « les troupes, jusqu'à l'intendant. » (2)

A ses yeux, c'est le premier devoir d'un administrateur de connaître par lui-même les personnes et les choses dont il a la charge. Tel est le motif, encore un peu naturel, qui le détermine à entreprendre sans retard la visite de tout son diocèse. Il commence par prescrire des mesures, par rendre des ordonnances pleines de sagesse. Mais bientôt, il comprend toute la gravité du mal et l'insuffisance des remèdes qu'il vient d'employer. C'est alors (1659) qu'il se décide à demander les prêtres de Saint-Sulpice, comme nous l'apprend le P. Ménétrier en termes précis : « Mgr l'Archevêque, après avoir fait avec un zèle et « une assiduité infatigable la visite de tout son diocèse, « voyant la nécessité qu'il y avait de former de bons ecclé- « siastiques, pour exercer les saints ministères de notre « religion, appela des prêtres du Séminaire de Paris, pour « en dresser un en cette ville, et de ses libéralités leur « fournit leur entretien et une maison pour faire leurs « exercices. »

Nous avons lu les procès-verbaux des visites que fit alors Mgr de Neuville (ils sont conservés, partie aux Archives de

---

(1) *Vie de l'Illustrissime et Révérendissime Camille de Neufville*, etc., par Guichenon, religieux augustin, à Lyon.

(2) *Mémoires*, etc., du duc de S. Simon.

l'Archevêché, partie aux Archives départementales). En recueillant une foule de traits épars dans cette volumineuse enquête, qui habituellement ne néglige aucune question spirituelle ou temporelle (conduite des prêtres et des paroissiens, église, chapelles, autels, tabernacle, vases et ornements sacrés, cimetière, presbytère, revenus, etc.); en compulsant les beaux registres des Chapitres et des Collégiales, en ouvrant même des liasses informes qui contiennent une multitude de renseignements aussi précieux, on parvient à se former une idée assez complète de l'état du diocèse en 1659. Ce tableau d'ailleurs n'est pas à faire; il a été tracé par l'un de nos plus célèbres orateurs (1).

Quoique chargée de sombres couleurs, la peinture nous paraît assez fidèle : « Cette Eglise vénérable, qui va prendre
« sa source jusque dans les temps apostoliques,.. était alors
« déchue de son antique beauté... Lyon, cette cité sainte,
« que la dignité de son trône met à la tête de tant de pro-
« vinces, gémissait dans une manière de triste veuvage...
« Parlons sans figure : Le prêtre, admis sans précautions
« aux fonctions du sacerdoce, s'en acquittait avec indignité ;
« le fidèle, pendant sa vie, dans un oubli profond de nos
« mystères et de la loi de Dieu, mourait tranquillement
« sur la bonne foi de l'ignorance et des dérèglements des
« ministres. (2) Depuis longtemps même (3), cette Eglise
« n'avait pas vu ses pontifes aller, comme des nuées saintes,
« répandre des rosées salutaires sur les diverses contrées de
« sa dépendance : les vieillards qui jadis, au fond de leurs
« campagnes, avaient eu la consolation de les voir, le racon-

(1) *Oraison funèbre de Mgr Camille de Neuville,* prononcée par Massillon, dans l'église des Carmélites de Lyon, où la famille de Villeroy avait un riche tombeau. Si ce passage n'est pas un modèle de goût littéraire, il ne saurait être suspect d'exagération : le respect dû à l'auditoire commandait une parfaite exactitude en un sujet si délicat. — C'est la première œuvre qui nous ait été conservée de ce grand maître.

(2) Excepté du moins partout où les Religieux exerçaient leur ministère.

(3) Depuis quarante ans environ.

« taient à leurs neveux comme une aventure singulière, et si
« l'on veut me passer ce mot, l'apparition et la course an-
« nuelle de ces astres saints était devenue un phénomène
« presque aussi rare et aussi surprenant que les co-
« mètes... »

Sans doute ces misères n'étaient pas particulières au
Diocèse de Lyon ; nous avons même pu nous convaincre
qu'il en souffrait moins que tel de ses voisins. Mais la vérité
est que partout le sacerdoce de Jésus-Christ était tombé
dans un état de mépris et d'avilissement, d'où l'on croyait
à peine qu'il pût jamais se relever. Entrons dans quelques
détails. Les gens de qualité n'aspiraient plus en général aux
dignités ecclésiastiques que par des vues d'ambition, et, une
fois pourvus des biens de l'Eglise, ils fuyaient les saints ordres
comme une espèce de honte. Ceux d'entre eux qui étaient
prêtres n'osaient en porter ni le nom ni l'habit et en faisaient rarement les fonctions. C'est pourquoi le comte de
Vertrieu, revenu en 1659 du Séminaire de Saint-Sulpice, où
il avait passé trois années, proposait au Chapitre de Saint-
Jean de décider que, dans le courant de l'année, MM. les
chanoines qui n'étaient pas prêtres seraient tenus de se présenter à l'ordination. Ainsi le ministère auguste se trouvait
abandonné à ceux qui avaient moins de fortune et de talents.
Si encore ces derniers avaient su se respecter eux-mêmes
et n'avaient pas oublié et compromis la dignité de leur caractère, en fréquentant les cabarets, ou en sollicitant les
emplois les plus mondains dans la maison des riches et des
princes. On voyait, par exemple, un des habitués de Saint-
Jean, encore revêtu de l'habit de l'église et portant l'aumusse
entrer dans une taverne voisine de la Primatiale. Pris sur le
fait, il s'excusait en disant qu'il n'était pas entré pour boire,
mais pour obtenir de la monnaie, afin de régler les honoraires de l'office. Excuse plus misérable que la faute. Un
autre prêtre de Saint-Jean, durant une année entière, ne
paraissait pas à la Primatiale : on le savait occupé, dans
une commune voisine, aux travaux de la campagne.

L'avilissement du clergé séculier est d'autant plus sensible que les communautés religieuses sont ferventes et en

grand honneur parmi les fidèles qui leur doivent le bienfait de la foi. Les églises paroissiales, dans les villes surtout, sont presque désertes, tandis qu'on se presse en foule dans les chapelles des congrégations particulières que dirigent les PP. Jésuites. Au nom des curés de Lyon, le Docteur Benoît Puys, devenu secrétain de Saint-Nizier, jette un cri d'alarme (1650). Plutôt que de s'en prendre humblement à lui-même, il accuse les religieux; il est obligé, après une polémique assez violente, de leur faire amende honorable. Et le mal subsiste toujours.

En effet, pour citer un exemple, quarante ans après la première tentative de Séminaire, MM. les Chanoines-Comtes n'ont pas encore obtenu que les clercs rentrent le soir à la Manécanterie, à une heure convenable. Si, en arrivant, ces pauvres Diacres trouvent la porte fermée, ils prennent une échelle dans le voisinage, l'appliquent à la muraille, et pénètrent par la fenêtre dans le dortoir commun. Il faut enfin, pour leur enlever ce subterfuge, faire sceller des barreaux en fer, comme à une prison.

Mais bientôt le Chapitre cherche à inspirer à ses clercs d'autres sentiments; en se pénétrant lui-même de l'esprit sacerdotal, il leur présente, dans son vrai jour, la question de la vocation ecclésiastique. A tel qui est indécis, MM. les Comtes donnent 150 l. pour aller au Séminaire de Paris, ; à tel autre qui renonce, 120 l. pour apprendre un métier.

Tout le monde comprend enfin la nécessité d'en venir au moyen indiqué par le Concile de Trente, que M. Bourdoise traduisait énergiquement, à sa manière : « Ce qui fait « qu'il y a si peu de bons prêtres, c'est qu'il n'y a point de « noviciat pour les prêtres ; s'il n'y en avait point non plus « pour chaque capucin et chaque jésuite, les capucins et « les jésuites seraient comme les prêtres. »

CHAPITRE PREMIER

 E fondateur de la Compagnie de Saint-Sulpice avait voué une affection particulière au diocèse de Lyon. Pénétré de reconnaissance pour cette illustre Eglise qui lui avait donné l'habit clérical et avait été le témoin de ses premiers progrès dans la piété et dans la science (1), il eût désiré y entreprendre lui-même l'établissement d'un Séminaire, pour relever l'honneur d'un clergé auquel il se faisait gloire d'appartenir. Toutefois, pour ne pas devancer les moments de la Providence, il se contenta de recommander cette œuvre à son successeur, M. le Ragois de Bretonvilliers. Animé de l'esprit de son maître, le second supérieur de Saint-Sulpice n'eut garde de faire aucune démarche pour enlever aux Pères de l'Oratoire un coin du champ où ils travaillaient depuis de longues années (2). Mais, deux ans après la mort de M. Olier, lorsque Mgr de Neuville déclara son intention de confier aux prêtres de Saint-Sulpice la conduite du Séminaire diocésain, M. de Bretonvilliers accueillit cette demande avec un pieux empressement (1659). Il eût suffi d'ailleurs à ce grand prélat, pour s'attacher les fils de M. Olier, d'évoquer les souvenirs de sa jeunesse. M. de Neuville et M. Olier, malgré une légère différence d'âge, avaient été condisciples au Collège des Jésuites, et, à cause des relations fréquentes de leurs familles,

(1) M. Olier, né à Paris le 20 septembre 1608, vint à Lyon en 1617, lorsque son père y fut nommé intendant de la justice. Il y demeura huit ans avec ses parents. Il fit ses humanités au Collège des PP. Jésuites. A peine âgé de quinze ou seize ans, il éprouva, pour la vie religieuse et principalement pour l'ordre de S. Bruno, un vif attrait qui le portait à visiter souvent la Chartreuse de Lyon, en grande réputation de ferveur (*Vie de M. Olier*, 1873, tom. I, liv. I).

(2) C'est la conduite que tinrent MM. de Bretonvilliers et Tronson pour les Séminaires de Nantes et de Bourges (*ibid.* tom. III, pp. 323 et 370-71.

ils avaient dû se bien connaître et se rencontrer souvent. Le gouverneur de la province et l'intendant de la généralité de Lyon, M. de Villeroy, marquis d'Halincourt (1), et M. Olier de Verneuil (2) administraient la même contrée, et, sous des noms divers, exerçaient à-peu-près la même autorité. Les affaires les mettaient donc en rapports continuels; une estime réciproque les rapprochait davantage encore, et des alliances devaient, plus tard, cimenter l'amitié de ces familles honorables.

On sait aussi que les deux maisons étaient chères à saint François de Sales qui avait béni l'enfance des jeunes écoliers, en déclarant à la mère de M. Olier que « Dieu préparait, en la personne de ce bon enfant, un grand serviteur en son Eglise » (3) et en prédisant à l'abbé de Neuville, lui-même, qu'il monterait un jour sur un siège plus grand que celui d'Annecy (4). C'est enfin le même sentiment de reconnaissance et de vénération qui animait le Gouverneur et l'Intendant, quand, après la mort du bienheureux évêque de Genève, ils retinrent dans l'église Saint-Michel, pendant trois semaines, le précieux trésor qui appartenait à la Savoie (5).

Le départ de la famille Olier (1625) ne rompit pas des relations si intimes. Aussi lisons nous, dans les Mémoires de la Sœur de Belly (6), qu'étant allé à Paris, en 1652, M. Antoine de Neuville, abbé de Saint-Just, frère de l'abbé d'Ainay, et, peu après, son vicaire général dans l'archidiocèse de Lyon, « s'empressa de visiter M. Olier, avec qui il était lié d'une amitié très-étroite. »

Nous ne sommes donc pas surpris du zèle avec lequel M. de

(1) Charles de Neuville, seigneur de Villeroy, plus connu par le titre de son marquisat, fut gouverneur depuis 1608 jusqu'à sa mort (1642).

(2) Jacques Olier de Verneuil avait été d'abord conseiller au Parlement de Paris et successivement secrétaire de Henri IV, maître ordinaire des requêtes de son hôtel, grand audiencier de France; en 1625, il fut promu de l'Intendance de Lyon à la dignité de Conseiller d'Etat.

(3) Le fait a été attesté en 1670 par M. Alexandre Chaillard, prêtre lyonnais, docteur en théologie, protonotaire du Saint-Siège et curé de Villefranche en Beaujolais (*Vie de M. Olier*, tom. l. pp. 11-12)

(4) Guichenon ne donne point cette prédiction comme absolument certaine. Voir *Vie de Camille de Neufville, 1695, p. 81.*

(5) Personne n'ignore comment saint François de Sales, étant venu à Lyon, au mois de décembre 1622, à la suite des Cours de France et de Savoie, refusa, par amour de la pauvreté, l'hospitalité que M. l'Intendant Olier lui offrait dans son hôtel de Bellecour et se retira dans la chambre du jardinier de la Visitation, où il mourut (28 décembre) Voir *Man. de M. de Cambis de Velleron.*

(6) *Mémoires* sur la Mère Jeanne Chézard de Màtel, Institutrice de l'Ordre du Verbe Incarné, née à Roanne le 6 novembre 1596, morte à Paris le 11 septembre 1670.

Bretonvilliers et ses quatre consulteurs répondirent à l'appel du prélat. Le texte de leurs délibérations en fait foi et nous le citons dans sa simplicité (1).

« Le 22 août 1659, M. de Bretonvilliers proposa à MM. de Poussé, Picotté, L. Tronson et d'Hurtevent le dessein qu'avait Mgr l'Archevêque de Lyon d'établir un séminaire à Lyon et de se servir pour cet effet des sujets de la Compagnie. Tous ont été d'avis qu'il fallait contribuer, autant que l'on pourrait, à un œuvre si important et donner des sujets pour y travailler. Il proposa ensuite s'il ne serait pas expédient d'y envoyer quelqu'un des consulteurs pour le bien commencer et prendre la conduite d'un établissement si important. Tous en furent d'avis : après quoi, il leur dit le choix qu'il faisait de M. d'Hurtevent, quatrième consulteur, que tous regardèrent comme très-propre pour cet emploi. Il leur proposa aussi d'envoyer avec lui d'autres sujets, dont ils furent d'avis.

« Le 21 octobre suivant, M. de Bretonvilliers proposa d'envoyer à Lyon, avec M. d'Hurtevent, M. Guisain et M. de la Goutte, et de leur adjoindre M. de Saint-Laurent qui, quoique n'étant pas des sujets de la Compagnie, pourrait accepter.

« Le 31 octobre, M. de Bretonvilliers dit que l'archevêque de Lyon était toujours dans les mêmes dispositions pour le Séminaire et que ceux qui en sollicitaient avec plus de zèle l'établissement pressaient fort, afin qu'on leur donnât au plus tôt des sujets pour le commencer.

« Le 24 novembre, sur de nouvelles instances, M. de Bretonvilliers conclut d'une commune voix que MM. d'Hurtevent, Guisain et de Saint-Laurent partiraient au plus tôt, et dès le lendemain, s'il se pouvait. »

Quant à M. de la Goutte, comme il n'avait point fini son cours de licence, il ne fut envoyé que l'année suivante, avec M. Maillard qui, cette année-là encore, retourna au séminaire de Nantes dont il avait la direction. (2).

(1) Le registre des délibérations des consulteurs est conservé au Séminaire de Saint-Sulpice.

(2) Voici quelques détails biographiques sur les premiers ouvriers qui furent destinés au Séminaire de Lyon.

M. Damien d'Hurtevent, né à Paris en 1623, admis, à l'âge de dix-neuf ans, au Séminaire de Vaugirard qui venait d'être fondé, fut l'un des premiers disciples de M. Olier. Quand le Séminaire eût été transféré à Saint-Sulpice, il suivit les Cours de la Sorbonne. Chargé ensuite, sur la demande de la duchesse d'Aiguillon, de l'éducation du jeune abbé de Richelieu (neveu des deux Cardinaux), il accepta ces fonctions avec tant

Lorsque M. d'Hurtevent et ses deux premiers compagnons arrivèrent à Lyon, le 6 décembre 1659, rien n'était encore préparé pour la fondation du séminaire. Sans doute la divine Providence le permit ainsi afin que les prêtres de Saint-Sulpice eussent l'occasion de donner l'exemple avant la leçon, et, si je puis ainsi dire, de faire leurs preuves dans le ministère paroissial, mais surtout afin que, vivant et conversant avec les pasteurs, ils fussent à même de mieux connaître les vices et les besoins des peuples, les difficultés, les dangers et les nécessités de la situation.

M. d'Hurtevent eut-il la pensée de fonder le séminaire dans le quartier le plus pauvre et le plus délaissé de la ville, comme M. Olier avait choisi le faubourg Saint-Germain? Ou céda-t-il aux instances des missionnaires-catéchistes qui venaient d'accepter la cure de Saint-Michel? Quoi qu'il en soit, c'est sur cette paroisse qu'il s'établit d'abord, peut-être rue du Plat, dans une maison dite du Bouquet, qui était la propriété des missionnaires.

d'obéissance, quoique à contre-cœur, et les remplit avec tant de zèle, que M. Olier le crut disposé à quitter sa petite Compagnie et en fut profondément affligé. « Heureux de laisser détremper son cœur dans le fiel et l'amertume et de passer dans l'esprit du meilleur des pères pour un enfant infidèle, » il ne se décida à découvrir ses véritables sentiments que par la crainte de causer trop de peine à son Supérieur et à ses Confrères. Envoyé à Nantes avec M. Gabriel de Queylus, pour y jeter, selon l'expression de M. Olier, les semences de l'esprit ecclésiastique, après plusieurs années passées dans cette maison dont il laissa la direction à M. Maillard, il revint au Séminaire Saint-Sulpice, fut nommé consulteur dans l'assemblée de juillet 1659 et, bientôt après, choisi pour la fondation de Lyon.

M. Balthazar Maillard, né aussi à Paris vers 1618, un peu plus âgé que M. d'Hurtevent, fut son condisciple fervent à l'école de M. Olier, puis son collaborateur et son successeur à Nantes. Obligé d'abandonner ce poste, il vint rejoindre son confrère à Lyon et partager ses travaux (1660). Après la mort de M. d'Hurtevent, il fut lui-même, près de vingt-quatre ans, Supérieur du Séminaire Saint-Irénée.

Jacques Guizain, du diocèse d'Amiens, fut, comme M. Maillard, du nombre des douze assistants de la Compagnie. Durant plusieurs années, il géra le temporel du Séminaire et remplit ensuite diverses fonctions. Il avait travaillé vingt-trois ans pour le diocèse, quand il mourut à Saint-Irénée, le 25 septembre 1682. Il est l'auteur d'un petit ouvrage pieux, d'abord anonyme, imprimé pour la première fois en 1668, et parvenu, dès 1681, à sa troisième édition, sous ce titre : *Sages entretiens d'une âme qui désire faire son salut.* Voir *Les Lyonnais dignes de mémoire, p. 144.*

François de la Goutte, du diocèse et de la ville d'Autun, arriva le 20 octobre 1660, âgé de trente ans. Il professa la théologie jusqu'en 1680, se reposa une année à Paris et travailla ensuite au Séminaire d'Autun, où il mourut le 10 décembre 1706.

Jean Odouin, prieur de Saint-Laurent-des-Combes (diocèse de Saintes), était entré au Séminaire Saint-Sulpice, le 7 mars 1648. Après une année de ministère à Lyon, il retourna dans son pays. On ne le désignait que par le nom de son prieuré.

Avec quel bonheur les trois fils de M. Olier visitèrent cette grande ville et surtout le quartier d'Ainay, cherchant partout les traces de leur vénéré père, depuis le collège des Jésuites jusqu'à l'hôtel de l'intendant ! Mais aussi quelle tristesse pour des âmes sacerdotales à la vue de la pauvre église Saint-Michel ! Pour mieux faire comprendre le misérable état de cette paroisse, il est bon que nous remontions à son origine.

L'église Saint-Michel fut d'abord la chapelle d'un monastère de religieuses, fondé par Caretène, mère de Gondebaud, roi de Bourgogne (morte le 6 septembre 5o6). Elle fut consacrée par saint Avit, archevêque de Vienne, qui prononça en cette occasion une homélie dont un fragment nous a été conservé. Rebâtie en 1109 par les libéralités d'un prêtre, nommé Gotbran, elle devint paroissiale, lorsque le monastère eut été supprimé par suite d'une mesure générale que prit le IVe concile œcuménique de Latran (1215). Du moins est-elle ainsi qualifiée dans une bulle que le pape Innocent IV donna, le 17 novembre 1250, au monastère d'Ainay pour reconnaître ses possessions et entre autres : *Ecclesiam Sancti Michaëlis Lugdunensis, cum omnibus pertinentiis suis, jurisdictionem temporalem quam in parochiâ ecclesiæ ipsius tenetis.* Pour former cette nouvelle paroisse, on détacha de la métropole une campagne presque déserte, comprise entre le Rhône et la Saône, depuis les remparts d'Ainay, qui étaient alors baignés par le confluent des deux fleuves, jusqu'à un long chemin qui, formant aujourd'hui les rues Bourgchanin, Confort, Mercière et de la Monnaie, partait de l'ancien pont de la Guillotière et se dirigeait vers les Antonins (actuellement entrée du quai Saint-Antoine) (1).

Pour se rendre à la Primatiale, les habitants de ce quartier devaient faire un long détour par l'ancien pont de pierre ou pont du Change. En 1388, ils étaient encore bien peu nombreux, et leur territoire n'était pas annexé à la ville. Mais, pendant le XVme siècle, la population s'accrut assez rapidement, ce qui n'empêcha point, en 1561, d'agrandir la paroisse Saint-Michel par l'union de celle de Saint-Jean-de-Béchevelin, dont l'église, située au bout du pont du Rhône, à droite en entrant dans la Guillotière, fut alors détruite par les Calvinistes. On eut beau donner la chapelle

(1) Suivant permission donnée par le Consulat, le 3 décembre 1665, le Chapitre de Saint-Nizier et le curé de Saint-Michel firent poser des bornes à la limite des deux paroisses, sur le quai et dans les rues Bourgchanin, Bellecordière, Confort et St-Dominique.

de la Madeleine pour annexe à l'église Saint-Michel, celle-ci n'en était pas moins hors de proportion avec le nombre toujours croissant des paroissiens. Misérable construction, complètement délabrée, elle n'avait pas même de clocher. On n'y célébrait la messe que les dimanches et fêtes ; les offices se faisaient aux mêmes heures qu'à l'abbaye d'Ainay, afin que les cloches du monastère servissent aux deux églises à la fois. D'après les plans terriers, l'église paroissiale Saint-Michel ne mesurait que 45 mètres de longueur sur 17 mètres de largeur, soit environ 850 mètres de superficie, moitié moins que l'abbatiale d'Ainay. Le portail faisait face à la Saône sur une impasse de dix pieds qui venait rejoindre la rue Sainte-Colombe par un retour d'équerre, et c'était le seul chemin pour arriver à l'église (1).

Or, dit naïvement un mémoire contemporain, « cet état de choses avait toujours paru suffisant pour une église qui n'était fréquentée que par la lie du peuple. » Mais des prêtres zélés pour la gloire de Dieu et l'honneur du Saint-Sacrement ne pouvaient souscrire ce jugement trop intéressé. Aussi s'empressèrent-ils de faire des démarches, d'obtenir les autorisations, de recueillir les sommes nécessaires pour commencer les travaux de reconstruction (2).

Ce fut surtout dans l'œuvre du renouvellement moral de la paroisse que M. d'Hurtevent prêta son concours aux catéchistes de Saint-Michel. Il prêchait souvent et de la manière la plus simple sur les grandes vérités de la foi, mais avec tant de religion et d'onction, que ses auditeurs en étaient profondément touchés et que, pour l'avoir entendu une seule fois, on concevait une très haute opinion de sa vertu et de sa sainteté.

Déjà, attirés par la bonne odeur de Jésus-Christ, plusieurs ecclésiastiques se réunissaient sous la conduite des prêtres de Saint-Sulpice (3). Mais l'établissement n'avait encore aucune

(1) La maison, qui porte le n° 21 du quai Tilsitt, occupe à peu près l'emplacement de l'église Saint-Michel, et c'est pourquoi on a donné le nom du glorieux Archange à la place qui se trouve en arrière.
— Nous avons emprunté ces détails topographiques au travail considérable que va bientôt publier M. Vermorel, ancien voyer principal de la ville de Lyon.

(2) Par sa délibération du 13 mai 1666, le Consulat alloua 3,000 l. au curé de Saint-Michel. Malheureusement, on se persuada qu'il suffirait de faire quelques grosses réparations. Elles furent très-coûteuses, mais ne donnèrent à l'édifice ni la solidité nécessaire ni l'agrandissement convenable. Enfin, par ordonnance du 17 octobre 1690, l'office paroissial fut transféré dans l'église de l'abbaye, sécularisée depuis 1685.

(3) C'est probablement ce qui a donné lieu au P. Menestrier d'appeler séminaire Saint-Michel la communauté des Missionnaires — Catéchistes. Voir *Éloge historique de Lyon*, IIme partie, p. 46.

consistance, et sans doute Mgr de Neuville, instruit par l'insuccès
des Oratoriens, ne se hâtait point de sortir du provisoire et de
mettre la main à une œuvre dont l'expérience avait montré
toutes les difficultés. De son côté, M. d'Hurtevent attendait, dans
le calme et la paix, les moments que Dieu avait marqués pour
l'accomplissement de ses desseins. Un accident, qui semblait de
nature à retarder la marche de l'affaire, fut l'occasion dont se servit la divine Providence pour en presser la conclusion.

M. d'Hurtevent étant tombé malade, le curé de Saint-Michel
appela aussitôt, pour le traiter, M. Falconnet, un des plus célèbres médecins de la ville. Or, Mgr de Neuville, se trouvant
alors indisposé lui-même, envoya chercher le même docteur qui
se fit attendre assez longtemps. Impatient de n'être pas prompte-
ment servi, l'archevêque manifeste d'abord son mécontentement
au docteur et lui demande la raison d'un si long retard. « — C'est,
lui répond M. Falconnet, d'un ton encore tout pénétré, c'est que
j'étais auprès d'un ange, d'un saint prêtre qui me charmait par
ses discours et je ne pouvais le quitter. (1) » Là-dessus, il
nomme M. d'Hurtevent. Quelques jours après, M. d'Hurtevent,
à peine rétabli de sa maladie, est mandé au palais de l'archevêché. Sa modestie, sa simplicité, sa conversation facile et agréable, ses manières pleines de noblesse et de douceur gagnent le
cœur de Mgr de Neuville, triomphent de toutes ses hésitations et
le décident enfin à faire de la fondation du séminaire l'œuvre capitale de son épiscopat (2).

(1) M. André Falconnet, né à Roanne le 12 novembre 1611, mort à Lyon
en 1691. Il avait publié en 1642 et dédié au cardinal Alph. de Richelieu
*Les moyens préservatifs et méthode assurée pour la parfaite guérison du
Scorbuth.* Il est, dit-on, le premier médecin qui ait préconisé l'emploi du
kinkina (sic). Il fut échevin de la Ville en 1667, et, dans la dédicace de
l'Eloge historique de Lyon, le P. Menestrier le qualifia sieur de Saint-
Gervais, conseiller et médecin ordinaire du Roi. Il a un article dans la
Biographie universelle, dans Pernetti, etc.
Nous sommes heureux de penser que Notre-Seigneur le récompensa de
son zèle pour l'œuvre du séminaire, en appelant à l'état ecclésiastique un
de ses fils dont le nom se trouve dans les registres de Saint-Irénée. Il con-
tribua aussi, par ses bons offices, à la prospérité du Petit-Collège des
Jésuites.
(2) Plusieurs de ces détails sur l'établissement du séminaire de Lyon
sont tirés d'une *Vie* inédite de M. d'Hurtevent, composée par M. Faillon
d'après les manuscrits de Grandet et M. Maillard.

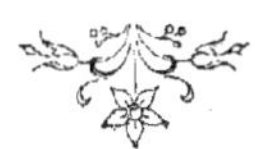

CHAPITRE II

près un séjour de deux ans environ sur la paroisse Saint-Michel d'Ainay, les prêtres de Saint-Sulpice, avec l'agrément de Mgr de Neuville, fixèrent leur demeure dans la maison des Gondis et des Guetons, ainsi appelée des noms de deux illustres familles qui l'avaient habitée, sur la montée Saint-Barthélemy, à l'angle nord de la montée du Garillan. Ces deux immeubles (1)

(1) Ils provenaient du démembrement d'un vaste ténement, appelé la Boissette, qui était desservi par une impasse appelée rue Boissette, aujourd'hui rue de Gadagne, et qui, relevant de différentes directes (ou seigneuries), s'étendait depuis la rue Saint-Jean jusqu'à la montée Saint-Barthélemy.

La maison n° 19, mesurant 48 pas ou 39 mètres sur la rue de Ruer (montée Saint-Barthélemy) et 31 pas ou 24 mètres sur la montée du Garillan fut possédée :

en 1621 par noble Nicolas d'Albert, conseiller du Roi ;
» 1618 » Guillaume de Balme ;
» 1538 » Antoine de Gondy et Marie de Pierre-Vive, sa femme ;
» 1519 » noble André de Pierre-Vive ;
» 1489 » noble Jean de Varey, seigneur d'Avoges ;
» 1403 » Eustache de Pomperio ;
» 1371 » Pierre de Pomperio ;
» 1363 » Guido d'Albon, soldast (sic) qui devait 16 deniers de servis.

On sait que Pierre de Gondi, fils d'Antoine et de Marie de Pierre-Vive, né à Lyon, dans cette maison, en 1532, fut d'abord chanoine de Saint-Paul en 1554, et ensuite ambassadeur de la France auprès du Saint-Siége, évêque de Langres, évêque de Paris (1568), cardinal et proviseur de Sorbonne. Il mourut en 1616. Il eut pour successeurs sur le siège de Paris deux de ses neveux, Henry (1598-1622) et Jean-François de Gondy (1622-1654) et un petit-neveu, Jean-François-Paul que tous les historiens de la Fronde nomment si souvent M. le Coadjuteur de Retz. Quand celui-ci donna sa démission en 1662, il y avait 94 ans que le diocèse était administré par des prélats de la même famille. Le coadjuteur avait eu pour précepteur saint Vincent-de-Paul. Son père, Philippe-Emmanuel de Gondy, général des galères, quitta le monde, après la mort prématurée de sa femme, pour entrer à l'Oratoire où il fut ordonné prêtre.

L'immeuble n° 17, maison et terrasse, mesurant 17 pas ou 13 mètres de qui portent aujourd'hui les n°s 17 et 19, furent plus tard occupés par l'Œuvre des Nouvelles catholiques qui s'appelait communément le Séminaire de la Propagation de la Foi (1). La maison était assez vaste pour donner des cellules à trente séminaristes et à leurs directeurs. À voir aujourd'hui du dehors ces bâtiments vieillis et fort peu réguliers, on a peine à croire ce qu'ils étaient alors. Il faut pénétrer à l'intérieur où tout paraît plus large et mieux proportionné, mais surtout tenir compte des dégâts que causa (21 décembre 1687) un violent incendie. Auparavant, la maison entière était couverte en ardoises avec tant de luxe, que les experts, maçon et charpentier, évaluaient ce travail « pour le moins à dix ou onze mille livres, à peu près le triple de ce que la même toîture en tuiles creuses aurait pu coûter. » Aux extré-

largeur sur la rue, et 39 pas ou 30 mètres de profondeur, fut vendu au séminaire de la Propagation de la Foi, le 13 juin 1737, par Me François de la Martinière, chanoine de Saint-Nizier. Il avait été possédé :

en 1681 par Jacques Bellet, écuyer ;
» 1632 » Philippe Guéton ;
» 1539 » noble Antoine de Pierre-Vive ;
» 1519 » Nicolas de Pierre-Vive.

« Guéton, dit Pernetti, est ce fameux Lyonnais dont le grand Colbert se servit pour l'établissement de la Compagnie des Indes et qui mourut à Olmus dans le golfe Persique. »

On nous pardonnera ces longs détails sur le lieu des maisons Gondy et Guéton, parce que nous devions rectifier une assertion émise à ce sujet dans les *Archives hist. du Rhône*, tom. VI, p. 443.

(1) Cette Œuvre est peu connue. La notice que lui consacraient les anciens Almanachs de Lyon est bien inférieure à celle que nous avons trouvée dans les papiers de la Communauté et que nous allons reproduire, en l'abrégeant.

« Louis XIV, étant à Lyon, au commencement du mois de janvier 1659, la Reine-Mère, qui l'accompagnait, fit savoir à M. l'Archevêque (de Neuville) que S. M. désirait en cette ville l'établissement d'une Compagnie de la Propagation de la Foi, pour travailler à la conversion des hérétiques. Le prélat embrassa avec une extrême joie une occasion si favorable d'employer son zèle. En effet, par ordonnance du 3 février de la même année, la Congrégation fut instituée et placée sous la direction de M. l'abbé de Saint-Just, grand-vicaire. Dès le début, elle comptait trente membres environ. De pieux laïques, et même deux couratiers (sic) jurés sur la place des Changes, rivalisaient de zèle avec plusieurs chanoines de diverses collégiales. Le succès couronna leurs efforts. Au bout de quatre ans, avec une dépense de 7,000 l. de leurs propres deniers, ils avaient ramené 140 protestants et empêché la perte d'un grand nombre de catholiques que les huguenots essayaient d'entraîner. En 1676, le nombre des conversions s'élevait à 400 environ. L'abjuration se faisait habituellement entre les mains du prêtre qui l'avait préparée, soit dans son église paroissiale, soit surtout dans l'église des Dames de Saint-Pierre, où la Congrégation s'assemblait pour ses exercices de piété (et non à Saint-Romain, comme le dit M. Et. Reynard. *Plan de Lyon, 1860*).

« S'il survenait quelque affaire extraordinaire, les confrères se réunissaient

mités du principal corps de logis, s'élevaient deux tourelles élé-
gantes, l'une au nord, l'autre au midi, et, près de celle-ci, un léger
campanile. Bref, c'était un des beaux hôtels de Lyon : le P. Ménétrier le jugea digne de figurer sur sa carte du XVIe siècle.
M. Et. Reynard, ne l'ayant pas reconnu, l'a pris pour une maison
religieuse et désigné sous ce titre vague, au n° 109 de sa légende.
D'après le savant Jésuite, les terrasses ou jardins portaient le nom
de *Bel regard* ; ils dominaient en effet le quartier du Change et
découvraient presque toute la ville de Lyon. Du côté de la montée Saint-Barthélemy, la vue était sans doute moins étendue, mais
combien plus agréable à des séminaristes ! Pas de voisins incom-
modes ; la rue peu fréquentée, sinon par les pèlerins qui mon-
taient dévotement à Fourvière ; et, au sommet de la colline, le
sanctuaire béni de Notre-Dame.

Bien que comprise dans les limites de la paroisse Sainte-Croix,
la maison des Gondis était assez éloignée de la Primatiale, et
cette distance n'eût pas été sans inconvénients pour l'assistance
aux offices du dimanche et pour les visites quotidiennes au Saint-
Sacrement. Mais Saint-Paul était proche, et, comme plusieurs
chanoines de cette insigne collégiale avaient reçu des prêtres de
Saint-Sulpice le bienfait de l'éducation cléricale, ils étaient heureux d'accueillir dans leur église la nouvelle communauté. Quant
aux autres exercices de piété, ils pouvaient se faire commodément

pour en délibérer dans un appartement de la Miséricorde. Déjà les plus
sages règlements dirigeaient l'exercice du zèle. On crut qu'il y avait lieu
de développer et de perfectionner l'œuvre, en fondant une maison de
retraite ou Séminaire pour affermir les nouveaux convertis dans la foi et
dans la vertu. Sur la demande de Mgr l'Archevêque, le Roi octroya des
lettres patentes (1677) portant permission d'établir en cette ville deux
maisons, l'une pour les hommes, l'autre pour les femmes, « à cause du
voisinage de la ville de Genève, des Cévennes, Gex, Dauphiné, Suisse et
autres lieux beaucoup infectés d'hérésie. »

« La Compagnie commença par la maison des filles, comme étant la
plus nécessaire. On prit d'abord à louage la maison de la Chana, appar-
tenant à l'hôpital de la Charité, et, pour mettre l'ouvrage dans sa perfection,
on pria la supérieure de la maison des Nouvelles catholiques de Paris
d'envoyer en cette ville trois de ses Sœurs. Cette demande fut favorable-
ment accueillie. Les Sœurs Foucault, Chéron et Bargedi vinrent et prirent
possession de lad'maison au mois de septembre 1676. »

Enfin l'on acquit en 1683 la maison des Gondis.

Loin de gêner la liberté des consciences, cette institution religieuse ne
pouvait que la favoriser. Ainsi l'entendait l'Église. Si, un peu plus tard,
après la révocation de l'édit de Nantes, une protestante (mais une seule),
Françoise Colomb, fut condamnée, au nom du Roi, par un juge du Présidial,
à demeurer six mois dans cette maison, les Sœurs ne voulurent point l'y
garder, quand elles découvrirent que « son abjuration n'était qu'une feinte. »

dans une grande pièce, au rez-de-chaussée, qui sert aujourd'hui pour un gymnase public.

En prenant possession de cette maison, M. d'Hurtevent n'eut rien de plus pressé que de lui donner un puissant protecteur. Comme tous les disciples de M. Olier, il avait une vénération particulière pour les saints patrons des lieux où la divine Providence l'employait à son service, parce que, disait-il, « ces bienheureux ayant reçu une grâce spéciale pour la sanctification de ces contrées, et leur zèle étant à présent consommé dans la charité infinie de Dieu, ils conservent, au milieu de leur béatitude, un regard d'amour et de tendresse pour le salut de leur peuple. » Cette pensée de foi, si simple et si féconde, porta M. d'Hurtevent à honorer, à Lyon, entre tous saint Irénée, saint Bonaventure et saint François de Sales.

« Comme il aimait fort la simplicité dans l'oraison, il avait grand respect pour le Docteur séraphique qui, nonobstant sa profonde science et les grandes lumières de son esprit, eut le don de traiter naïvement avec Dieu, comme ferait un enfant. C'est, ajoute M. Maillard (1), ce qu'il nous montrait souvent avec joie dans les méditations que ce grand saint a composées sur la vie et la mort de N. S. J.-C. La charité, la douceur et la condescendance chrétienne de saint François de Sales charmaient son cœur. Mais le zèle embrasé de saint Irénée pour la ville et le diocèse de Lyon enlevait toutes les affections de son âme et l'attirait sou-

---

(1) M. Maillard a laissé, sur l'Esprit de M. d'Hurtevent, un volume manuscrit petit in-8 de 345 pages. Il le composa en 1674 ou 1675, à la prière d'un de ses amis que nous croyons avoir été M. Tronson. Comme il écrivait pour des personnes qui savaient tout le détail des faits biographiques, il se contenta de révéler sa vie intérieure et ses pratiques de dévotion. L'ouvrage entier devait être divisé en quatre parties ; la première existe seule sous ce titre : *Esprit de Religion* de M. d'Hurtevent. Elle comprend sept chapitres : esprit de religion, 1· envers la grandeur et la souveraineté de Dieu, 2· envers la personne de N. S. et spécialement envers le S. Sacrement de l'autel, 3· envers la T. S. Vierge, 4· envers les saints Anges et les saints du Ciel, 5· envers les personnes consacrées à Dieu, 6· envers la sainte parole de Dieu, 7· dans la fidélité aux petites pratiques. On conserve trois copies de cet ouvrage : une à Saint-Sulpice, une au séminaire de Clermont, et la troisième à Saint-Irénée ; celle-ci fut remise à M. Gardette, le 20 octobre 1824, par M. Mollevaut, supérieur de la Solitude. Ces pages respirent une grande piété. On ne peut les lire sans admirer le profond respect, la vénération qui s'unissait dans le cœur de M. Maillard à sa tendre et vieille amitié pour M. d'Hurtevent. Tel est l'empire que la sainteté exerce sur ceux qui ont le bonheur de l'approcher. Mais le style n'est pas exempt des longueurs communes à cette époque ; notre goût ne les supporte guère aujourd'hui, et pourtant nous ne pouvons les retrancher sans enlever au langage sa grâce et son onction.

vent sur la sainte montagne consacrée à son honneur, pour lui rendre ses devoirs dans l'église qui est sous son vocable et pour visiter les lieux où ce grand saint, tout chenu de vieillesse, mais tout brûlant d'amour, eut la consolation de voir couler le sang précieux de dix-neuf mille victimes, et d'offrir sa vie avec celle de ses ouailles à la gloire de son divin Maître. »

M. d'Hurtevent pria donc Mgr l'Archevêque de mettre son séminaire sous le patronage de saint Irénée. Le prélat conçut « une telle estime du grand Docteur de Lyon, sur la manière dont le pieux supérieur lui parla de son mérite et de ses vertus, que, non content d'octroyer cette demande pour le Séminaire (1), il voulut que sa fête fût solennisée et chômée par tout le diocèse (2). Ce fut un grand sujet de joie au cœur de M. d'Hurtevent de voir en si grand honneur le saint patron auquel il voulait confier tous les intérêts du Séminaire. Si donc quelques personnes de la maison lui faisaient de la peine par leur irrégularité, après avoir employé toute sa prudence et mis en pratique toutes les adresses de sa charité, il priait saint Irénée, il faisait une neuvaine de messes en son honneur ; et j'ai vu plusieurs fois, dit encore M. Maillard, qu'avant la fin de la neuvaine, incontinent ces personnes se retiraient de leur propre mouvement, ou la sainte Providence faisait naître quelque occasion de les congédier, sans que leur esprit en fût irrité, ni la douceur de notre conduite intéressée. Alors il remerciait très affectueusement saint Irénée et me sollicitait de me joindre à lui pour chanter quelques hymnes à sa gloire (3). »

(1) Outre l'assertion de M. Maillard, un acte notarié du 31 octobre 1663 prouve que le séminaire, établi à la montée Saint-Barthélemy, était dès lors sous le vocable de Saint-Irénée. M. Et. Reynard a donc tort d'avancer (*Plan de Lyon religieux*, 1860) que le bâtiment construit plus tard à la Croix-Pâquet fut appelé séminaire Saint-Irénée, *parce qu'il* était sur l'emplacement d'une ancienne léproserie de ce nom. Nous n'entendons pas nier que la récluserie Saint-Clair n'ait été à l'origine l'église Saint-Irénée sur le Rhône dont parlent les anciens statuts. Au contraire, nous sommes heureux de penser que, si M. d'Hurtevent connut ces détails historiques, il choisit de préférence, pour établir le séminaire Saint-Irénée, un lieu consacré à la mémoire du grand Docteur de Lyon.

(2) Mgr de Neuville avait d'abord fixé au 27 juin cette solennité chômée ; mais, par ordonnance du 30 décembre 1684, il la transféra au 23 novembre, « ayant reconnu que cette feste, si proche de celles de saint Jean-Baptiste et de saint Pierre, se rencontre dans le temps de l'année où les personnes de la campagne ont le plus d'occupation par la récolte des bleds et des foins. »

(3) C'est sans doute, par le même sentiment de dévotion que, vingt ans plus tard, les directeurs du séminaire Saint-Irénée assistèrent à la cérémonie dans laquelle Mgr de Montmorin, archevêque de Vienne, bénit le buste de saint Pothin, à la prison de l'Antiquaille. (Voir l'opuscule intéressant ; *S. Pothin et les martyrs de Lyon*, 1877.)

Si M. d'Hurtevent cherchait à se pénétrer de l'esprit et de la
grâce dont les premiers apôtres du diocèse de Lyon avaient reçu
la plénitude, c'est qu'il sentait toute l'importance de la tâche qui
lui était confiée. Il y pensait toujours devant Dieu et c'était le
sujet de fréquents entretiens avec ses confrères :

« Mon Dieu ! mes chers amis, leur disait-il, quelle prodigieuse vocation est la nôtre ! quels emplois nous avons, par l'ordre de Dieu, dans
sa sainte Eglise ! Comme Ezéchias, nous ouvrons le temple, pour
en réparer les ruines............ Nous devons rallumer les lampes à
demi éteintes, rendre à l'autel la pureté qui convient au tabernacle du Seigneur. Il faut former des ministres qui adorent leur
Dieu en esprit et en vérité, ressusciter la grâce de l'imposition
des mains, réveiller les sentinelles endormies sur les murailles de la
sainte Sion, apprendre aux pères de la famille chrétienne comment
ils doivent rompre le pain à leurs enfants. Oh ! relevons le sacerdoce,
rétablissons la noblesse des prêtres qui est tombée en roture........

« Quelle divine vocation ! Elle a fait la principale occupation du fils
de Dieu sur terre, dans les trois dernières années de sa vie, durant lesquelles ses soins les plus assidus furent pour l'instruction de ses Apôtres
et pour leur préparation au sacerdoce dont il les voulait revêtir.
Quelles obligations n'avons-nous pas à sa bonté infinie d'avoir jeté
les yeux sur nous, pauvres et ignorants, pour nous associer à sa divine
personne, en des emplois si saints et si importants ! Ce doit être un
des principaux sujets de notre reconnaissance. Mais surtout adorons
souvent ce divin Supérieur du premier Séminaire et ce directeur admirable des premiers prêtres de son Eglise ; étudions en sa conduite les
dispositions avec lesquelles nous devons vaquer à nos emplois et
puisons dans son sein admirable la grâce et la vertu de nous en
acquitter dignement. »

Tels furent les sentiments élevés, les intentions pures, les vues
surnaturelles avec lesquels M. d'Hurtevent entreprit l'œuvre
de la sanctification du clergé. Son zèle éclairé l'embrassa tout
entière. Nous verrons en effet comment il s'exerça dans les
retraites pastorales et dans la formation des séminaristes.

CHAPITRE III

M. D'HURTEVENT TRAVAILLE A LA RÉFORME DE L'ANCIEN CLERGÉ

ONSEIGNEUR de Neuville venait d'achever, pour la deuxième fois, la visite générale de son diocèse. A la vue des souffrances et de la misère de ses ouailles, le bon pasteur s'était ému et avait voulu pénétrer dans les profondeurs du mal, pour en découvrir la cause et y appliquer les remèdes nécessaires. C'est ce qu'il déclarait lui-même, en publiant ses ordonnances du 1ᵉʳ mars 1663 : « Nous avons reconnu par expérience, ce qui nous a semblé toujours très véritable, que tout le bien spirituel des chrétiens dépend de la bonne édification qu'ils reçoivent tant par la parole que par le bon exemple des prêtres et autres ecclésiastiques, puisqu'ils sont les dispensateurs des mystères de Dieu, que N. S. les appelle la lumière du monde, et que quelques-uns des Pères de l'Eglise les comparent aux cieux, qui ne sont faits et ne se meuvent que pour porter leurs influences dans toutes les parties de l'univers. Nous devons de là être persuadés que la réforme des peuples doit commencer par celle du clergé et qu'il faut que cette source soit purifiée, puisque c'est par elle que Dieu fait couler ses grâces et ses bénédictions sur le reste des hommes. C'est à quoi nous avons tâché de nous appliquer sérieusement. »

Saintement zélé pour la réforme de son clergé, le prélat devait donc accueillir avec bonheur tous les projets qui tendraient à réaliser ses pieux desseins. Administrateur sûr de l'avenir, attentif au présent, habile à prendre des mesures sur le passé, il ne pouvait refuser sa faveur au plan vaste et régulier que lui présenta M. d'Hurtevent. Sans attendre la formation d'un nouveau clergé, le pieux supérieur était d'avis qu'on répandît, au plus tôt et par les voies les plus rapides, l'esprit ecclésiastique dans tout le corps sacerdotal et qu'on infusât abondamment à tous les prêtres les vertus cléricales, la science sacrée et le zèle du salut des âmes. En conséquence, il proposait de rétablir les congrégations mensuelles, et de fonder les conférences hebdomadaires et les retraites pastorales. Or, ces trois moyens étaient si heureusement choisis, que, maintenant encore, l'on ne sait rien de plus efficace pour prévenir l'ignorance, le relâchement et la tiédeur.

Les congrégations mensuelles, connues aujourd'hui sous le nom de conférences ecclésiastiques, avaient été, croyons-nous, instituées à Lyon par ordonnance de Mgr Miron (28 juillet 1627) (1). Sa mort survenue un an après, puis la peste de 1628-29, celle de 1638, les troubles de la minorité de Louis XIV, en mettant obstacle à la tenue régulière des assemblées, empêchèrent sans doute le cardinal Alph. de Richelieu d'affermir et d'étendre l'œuvre de son prédécesseur. Lorsque M. l'abbé de Saint-Just, au synode d'avril 1657, rappela l'ordonnance de Mgr Miron, elle n'était plus observée que dans un petit nombre d'archiprêtrés. Mgr de Neuville, en rétablissant les congrégations, crut qu'il y avait lieu de les rendre obligatoires sous des peines très sévères.

Le diocèse entier fut divisé en 60 circonscriptions, dont une moitié sur la rive droite et l'autre sur la rive gauche de la Saône. Les 30 congrégations de chaque section reçurent un numéro d'ordre fixant au quantième du mois la tenue de leurs assemblées.

Tous les membres étaient invités à se confesser la veille de l'assemblée ; ils devaient rafraîchir leur tonsure, se rendre en habit décent au lieu de la réunion, avant 8 h. du matin en été, 9 h. en hiver, et n'en partir qu'après 4 h. du soir en été, 3 h. pendant les quatre mois de la mauvaise saison. Ils sortaient du presbytère deux à deux, en surplis et bonnet carré, comme en procession, allaient à l'église où l'on chantait (avec diacre, sous-diacres, deux chantres et deux maîtres de cérémonies) une messe du Saint-Esprit, suivie du *Veni Creator*. On rentrait dans le même ordre au presbytère où l'on pouvait prendre un peu de pain et de vin.

(1) *Règlement pour les congrégations des curés du diocèse de Lion, faict et arresté au Conseil tenu au palais archiépiscopal à Lion, le 28 juillet 1627. A Lion, Jacques Roussin, 1627, in-8.*
Une partie de ce règlement nous semble empruntée aux statuts de saint Charles Borromée. V. *Acta Ecclesiæ Medolan.*

La conférence commençait ensuite. La première heure était
consacrée à une enquête sur les fautes commises contre les rubriques dans la messe du jour, avec quelques explications plus
générales sur le chant et les cérémonies. On donnait ensuite une
heure et demie environ aux entretiens sur la doctrine chrétienne.
A midi le dîner, durant lequel le Recteur de la congrégation faisait lire quelques chapitres d'un ouvrage qu'il avait
choisi sur les questions à l'ordre du jour. A la fin du repas,
chacun remettait au secrétaire 15 sols pour la dépense (1).
A une heure, nouvelle séance qui durait trois heures entières:
les deux premières étaient employées à la discussion des cas de
de conscience et des questions sur l'administration des sacrements; la dernière, à un examen des mœurs et des coutumes de
chaque paroisse.

Il va sans dire que, pour observer ce règlement, les congrégations ne pouvaient être « errantes ou déambulatoires.»

Autant Mgr de Neuville dut montrer de fermeté pour remettre
en vigueur un règlement qui, dès l'origine, n'avait pas eu force de
loi et qui, depuis quarante ans, n'était pas entré dans les mœurs,
autant il fallut à M. d'Hurtevent de prudence et de douceur pour
introduire à Lyon l'usage des réunions hebdomadaires, sur le
modèle de celles qu'on appelait, à Paris, les Conférences de
Saint-Lazare et que M. Olier avait eu la consolation d'établir
au Puy et dans plusieurs autres villes. M. l'abbé de Saint-Just
et quelques ecclésiastiques zélés donnèrent au supérieur de
Saint-Irénée le concours le plus dévoué. Ils se chargèrent volontiers d'inviter leurs amis aux premières réunions. M. d'Hurtevent
monta en chaire, et la grâce de Dieu fit des merveilles. « Il
parlait, dit M. Maillard, avec un si grand fonds de religion et
une onction si abondante, que ses prédications étaient comme
des lampes parfumées qui, en éclairant, envoyaient de l'encens au
Ciel, embaumaient ses auditeurs de l'odeur de sa religion et les
remplissaient en même temps de respect et de vénération pour
sa personne....... Aussi la sainteté de ses discours et la force de

(1) Mgr Miron avait estimé la dépense à 8 sols, tout en décidant que
chaque convive remettrait seulement 5 sols, parce que le surplus serait
fourni par les amendes des défaillants (absents) ou par autres moyens. En
1748, l'écot fut fixé par le cardinal de Tencin à 25 sous environ. Il est
évident que ces changements proviennent de la valeur relative de l'argent,
aux différentes époques et peuvent servir à l'apprécier. Le règlement des
assemblées subit, dans le cours du XVIII° siècle, d'autres modifications plus
importantes, en 1748-54 et en 1761-64.

ses entretiens s'étant répandue dans le diocèse et dans le clergé par le récit qu'en faisaient avec estime et admiration ceux qui les avaient entendus, la plupart des prêtres se sentaient touchés du désir de l'ouïr eux-mêmes, soit par une curiosité sainte, soit pour entrer en participation de la grâce et de l'onction que l'on expérimentait sensiblement en l'écoutant. On vit en effet ces assemblées grossir, d'une semaine à l'autre, *jusqu'à quatre et cinq cents prêtres*, qui venaient, non seulement de toute la ville, mais encore de la campagne, quelques-uns même de quatre à cinq lieues, exprès pour l'entendre et assister à ses entretiens. »

A la vue de la multitude de ses auditeurs, M. d'Hurtevent bénissait N. S. de donner au clergé de Lyon une si grande faim de la sainte parole, mais, s'estimant indigne et incapable de prêcher les grandes maximes sacerdotales, il éprouvait, avant de monter en chaire, le besoin de déposer sa confusion et sa honte dans le sein d'un ami. Peut-être faut-il reconnaître ici une conduite particulière de Dieu qui, pour le tenir dans l'humilité, lui fermait entièrement les yeux à la beauté et à l'excellence des choses qu'il disait. Ou plutôt le prédicateur avait conçu de N. S., souverain prêtre, une idée si haute et si lumineuse, que toutes les expressions dont il essayait de la revêtir lui semblaient basses et obscures.

Aussi ne pouvait-il souffrir les éloges qu'on lui adressait. Dans les commencements, après chaque conférence, M. Antoine de Neuville l'invitait avec M. Maillard à dîner chez lui le lendemain. Pendant le repas, le grand vicaire ne manquait pas de féliciter l'homme de Dieu du sermon de la veille. M. Maillard prenait plaisir à voir avec quelle adresse son supérieur demeurait fidèle à Dieu dans l'humilité. Tantôt M. d'Hurtevent faisait semblant de ne pas entendre les louanges et, sans rien répondre, il s'appliquait intérieurement à Dieu, pour lui en rapporter toute la gloire ; tantôt, détournant la conversation par quelque mot agréable et plaisant, il félicitait son admirateur d'avoir appris, dès son enfance, les fonctions de thuriféraire, ou le priait de ménager un encens qui coûte cher et qui fatigue les cerveaux débiles. Mais on ne tarda guère à connaître le caractère et la vertu de M. d'Hurtevent, et jamais plus il ne reçut de tels compliments.

En prenant une extension si considérable, les réunions hebdomadaires s'éloignaient, il est vrai, du programme suivi dans les Conférences de Saint-Lazare (1) ; mais, indépendamment du bien qu'elles faisaient, on peut les regarder comme l'occasion dont N. S. se servit pour attirer aux retraites pastorales les curés du diocèse.

On savait avec quelle bonté M. d'Hurtevent accueillait tous les ecclésiastiques. Persuadé que la douceur était le meilleur moyen d'obtenir leur confiance, il disait à ses confrères : « Les hommes se gagnent rarement par la rigueur, et les prêtres moins que les autres ; ils sont ces anciens de nom et ces vieillards d'état et de profession, desquels on peut dire ce que saint Paul dit des personnes avancées en âge : qu'il ne faut jamais reprendre leurs défauts d'un ton aigre et méprisant, mais qu'il les faut traiter amoureusement et conjurer avec tendresse par des paroles pleines de douceur et de respect. »

Il témoignait en effet un profond respect à tous les prêtres et particulièrement à ceux qui venaient de la campagne et qui, moins estimés du monde, avaient cessé peut-être de se respecter eux-mêmes. Si basse que fût leur naissance, si pauvre qu'ils parussent dans leur vêtement et leur tenue, si décriée même que fût leur conduite, son esprit de foi lui faisait découvrir, sous les dehors les plus humbles, la beauté céleste du caractère sacerdotal imprimé dans leurs âmes. « C'est un diamant disait-il ; il est peut-être dans la boue, mais il conserve tout son prix et sa valeur. » La dignité des pasteurs était, à ses yeux, comme la lumière du soleil qui, pour être cachée à nos regards par quelque nuage, n'en est point obscurcie en elle-même.

C'est pourquoi, depuis les plus grands jusqu'aux plus petits, les tièdes aussi bien que les fervents, tous chérirent bientôt M. d'Hurtevent et recoururent à lui avec pleine confiance, dans leurs doutes, dans leurs peines et pour les besoins particuliers de leurs consciences.

La maison de la montée Saint-Barthélemy ne pouvait recevoir plus de trente retraitants (2). Encore fallait-il profiter des moments où les séminaristes prenaient un peu de vacances,

---

(1) Cinquante ans après la mort de M. d'Hurtevent, les conférences n'étaient plus que des réunions hebdomadaires, auxquelles devaient se rendre assidus les diacres, sous-diacres et clercs inférieurs qui ne résidaient pas actuellement au Séminaire. Elles ont subsisté dans la même forme jusqu'à la révolution. — *Almanach de 1755, et Mandement* de Mgr de Rochebonne, 24 juillet 1736.

(2) Les registres du Séminaire ont conservé les noms et qualités des prêtres qui étaient logés alors dans la maison.

après Pâques et pendant le mois de septembre. Mais beaucoup d'autres curés, jusqu'à cent et quelquefois davantage, prenaient un logement en ville et ne laissaient pas d'assister à tous les exercices communs. Et, comme l'on donnait chaque année trois ou quatre retraites, tout le clergé du diocèse pouvait, en peu de temps, jouir des avantages de cette sainte institution.

M. d'Hurtevent parlait ordinairement deux fois par jour. Toute l'assemblée l'écoutait avec un respect, une attention, une docilité que l'empire de la grâce peut seul rendre croyable, mais avec tant de satisfaction que chacun des auditeurs semblait n'avoir d'autre crainte que celle de le voir cesser: *timebant ne desineret*. Il s'échappait de sa personne une grâce invisible qui pénétrait doucement les cœurs, et jamais on ne le voyait paraître qu'on ne fût saisi d'un nouveau sentiment de vénération pour sa vertu. Comme le saint Précurseur, il semblait un flambeau ardent et luisant, mais un flambeau d'élection que Dieu avait placé dans le sanctuaire pour y éclairer ses lévites.

La même grâce, qui disposait si bien tous les cœurs à recevoir la divine parole, produisait dans le saint prêtre des effets encore plus admirables. Au milieu de cette auguste assemblée, c'était un nouvel Elie, dont on pouvait dire, comme de l'ancien, que sa parole prenait feu dans sa bouche et se répandait ensuite de toute part, volant comme la flamme. C'était un autre Phinées, armé du glaive de Dieu pour venger sa gloire. Il ne craignait point de poursuivre le vice le plus insolent; mais surtout, rien n'aurait pu modérer l'ardeur de son zèle, quand il s'agissait du redoutable sacrifice de nos autels et de l'administration des sacrements.

L'impression que la parole de Dieu faisait sur les esprits et sur les cœurs se traduisait aussitôt par un recueillement profond. Tous les ecclésiastiques qui prenaient part à la retraite, n'étaient pas plutôt entrés dans la salle des exercices qu'ils cessaient toute conversation. En attendant l'heure de l'entretien, les uns récitaient leur bréviaire ou le chapelet, les autres s'appliquaient intérieurement à Dieu, et tous gardaient un silence si exact et une modestie si parfaite, que les directeurs de la retraite en étaient dans l'admiration.

« Depuis quinze ou seize ans, écrivait plus tard M. Maillard, les retraites des prêtres se font avec grande bénédiction dans le séminaire St-Irénée. Ces Messieurs s'y rendent à jour nommé et presque à l'heure marquée, sans aucune obligation, ni contrainte ou ordonnance de Mgr l'Archevêque, uniquement poussés du seul esprit de Dieu et du zèle de leur perfection. La plupart en préviennent le temps par leurs lettres, et nous écrivent six semaines, et deux mois entiers. et même un an d'avance, pour y retenir leurs places et avoir assurance d'y être admis. » Deux ans après la mort de M. d'Hurtevent, dans une lettre à M. le Breton, supérieur du Séminaire du Puy, M. Maillard disait encore sur le même sujet: « Nous sortons des exercices de Messieurs les Curés avec grande bénédiction. Je crois que c'est la grâce présente de ce Diocèse. Si nous avions du temps et de l'espace, nous pourions donner sept ou huit retraites par an. (1) »

A la vue des grands biens qu'elles produisaient, Mgr de Neuville eut la pensée de les rendre obligatoires pour tout son clergé. Mais, le bon supérieur ayant fait observer que mieux valait d'abord laisser agir l'esprit de Dieu, jusqu'à ce que tout le monde fût convaincu de l'excellence de cette institution, l'illustre prélat se contenta d'adresser à son clergé une simple invitation : « L'établissement de nos Séminaires, dit-il dans son ordonnance du 26 mars 1670, ne regardant pas seulement ceux qui veulent être promus aux ordres sacrés, mais encore tous les ecclésiastiques séculiers de notre Diocèse, nous les convions et les exhortons, le plus instamment qu'il nous est possible, de faire chaque année une retraite de quelques jours....... » Et, pour donner toute facilité aux curés et aux vicaires qui répondraient à son appel, il permit aux prêtres voisins de biner, les jours de précepte, pour remplacer les retraitants.

Un spectacle si nouveau et si touchant devait exciter l'admiration des diocèses voisins ; un mouvement si puissant allait ébranler les contrées environnantes et se propager jusqu'aux extrémités de la France. Le clergé de Lyon avait compris que les exercices de la retraite renouvelleraient sa piété et son zèle ; il eut le mérite et la gloire de donner l'exemple, comme il l'a fait tant de fois, dans le cours des siècles (2).

(1) C'est aussi à M. Maillard que nous avons emprunté tous les détails qui précèdent sur la prédication de M. d'Hurtevent.

(2) Il est vrai qu'en plusieurs endroits on avait offert aux prêtres le bienfait d'une retraite commune, que, par exemple, en 1637, M. Olier avait reçu, à cette intention, dans son abbaye de Pébrac, des curés et des ordinands du diocèse de St-Flour. Mais nulle part encore, que nous sachions, cette œuvre n'avait eu le caractère d'une institution générale et permanente, telle que M. d'Hurtevent l'établit à Lyon.

CHAPITRE IV

ES bénédictions que Dieu répandait sur tous les travaux entrepris pour la réforme de l'ancien clergé ne firent pas oublier à M. d'Hurtevent la mission principale que la Providence avait daigné lui confier. Suivant les recommandations du concile de Trente, il fallait élever dans les séminaires une nouvelle génération de prêtres capable de faire revivre au cœur des chrétiens la foi des premiers siècles. Telle fut l'œuvre à laquelle le pieux supérieur se consacra généreusement avec tous ses confrères.

A Lyon, comme à Paris, ce furent en général les ecclésiastiques les plus distingués par la naissance et par les dignités qui répondirent d'abord à l'appel de la grâce. Ils savaient peut-être que M. d'Hurtevent avait refusé une coadjutorerie et un évêché; ils n'ignoraient pas sans doute que les prêtres de Saint-Sulpice renonçaient à tous les bénéfices ecclésiastiques, pour vivre en commun avec les clercs qui voulaient se ranger sous leur direction. Le haut clergé, après avoir, durant deux siècles, donné trop d'exemples d'ambition, de luxe, de relâchement et de tiédeur, se montra capable de la plus noble générosité; il sut, avec la grâce de Dieu, comprendre et pratiquer l'humilité sincère et le dévouement sans gloire. Aussi vit-on, parmi les premiers séminaristes de S. Irénée, des chanoines de S. Paul, de S. Nizier, de S. Just, de l'Ile-Barbe et de Fourvière, plusieurs comtes de S. Jean et même, en une seule année, quatre des plus qualifiés: M. Claude de S. George, alors diacre et précenteur (il fut ensuite, comme nous aurons occasion de le dire, le successeur immédiat de Mgr de Neuville, sur le siège de Lyon), M. François de Vaurion, sous-diacre, M. de S. Christophe, sous-diacre et M. Roger-Joseph Damas du Rousset de Marilhat, qui devint doyen de S.Jean, en 1676, et plus tard grand-vicaire de Mgr de S. George.

Ce mouvement admirable s'étendit bientôt aux diocèses voisins et atteignit même des provinces assez éloignées. Les plus nobles chapitres et collégiales de Besançon, Langres, Mâcon, Autun, Vienne, St-Paul-Trois-Châteaux, Grenoble, Viviers, Le Puy, Clermont, Die, Embrun, Digne, Aix, Nîmes, Avignon et Carpentras, envoyaient au séminaire S. Irénée quelques-uns de leurs membres désireux de se former à la pratique des vertus sacerdotales. La plupart de ces ecclésiastiques étaient donc bénéficiers, et presque tous avantageusement pourvus de biens patrimoniaux pour supporter les frais d'une éducation qu'ils venaient chercher de si loin. « Cette diversité de sujets dans le « séminaire, avait dit M. Olier, forme un ordre merveilleux « aux yeux de J.-C. N. S. qui s'en sert pour mettre au jour « l'étendue de ses vertus secrètes et la multiplicité de ses dons « cachés. »

Pour inspirer à sa Communauté un esprit vraiment ecclésiastique, M. d'Hurtevent n'employa pas d'autres moyens que ceux qu'il avait vus en usage à S. Sulpice. Il établit les mêmes pratiques, prêcha les mêmes maximes et s'efforça de retracer dans sa conduite les vertus dont M. Olier avait donné l'exemple et la règle à ses fervents disciples. Un sage règlement recommandait le silence, le recueillement, la modestie des sens; la ponctualité à faire chaque chose précisément en son temps et la communication fréquente avec le Directeur. En entrant dans la maison, tous faisaient une retraite, et beaucoup demandaient à suivre celle qui était donnée aux Ordinands, avant Noël et la Trinité. Les principaux exercices de piété étaient, comme aujourd'hui, l'oraison qui durait une heure, l'assistance à la Sainte Messe, la récitation du chapelet, la visite au S. Sacrement et la lecture spirituelle dans une salle commune, où chacun apportait et lisait en silence l'ouvrage choisi par son Directeur.

Pour suppléer ce qui pouvait manquer à l'enseignement théologique des Collèges et des Facultés, on donnait le matin une conférence de dogme, qui était suivie d'une classe de chant, et le soir avait lieu aussi, dans la Maison, une conférence de morale ou d'Ecriture Sainte alternativement.

Le règlement ainsi tracé, M. d'Hurtevent était très attentif à le faire observer. Nous avons déjà dit avec quelle confiance et quelle ferveur il recourait à la protection de S. Irénée pour obtenir ce précieux résultat. Mais, tout en mesurant les progrès de sa communauté d'après sa régularité, il n'avait garde pourtant de confondre les moyens avec la fin. Il voulait seulement, à la faveur de ces pratiques, former les jeunes ecclésiastiques à la vie de renoncement et de sacrifice, en les accoutumant à immoler leurs goûts et leur volonté propre, pour faire, à chaque instant, le bon plaisir de Dieu. En effet, tous les mouvements et toutes les occupations d'une communauté n'ont que les apparences d'une vie vraiment religieuse, quand ils ne sont pas sanctifiés par un principe intérieur qui les anime, les vivifie et les dirige. Fidèle disciple de M. Olier, il avait appris à regarder un séminaire comme un collège apostolique, où l'on vient à l'école de N. S., en la compagnie des Douze, étudier les grandes maximes sacerdotales ; comme un cénacle, où tous les prêtres qui y sont entrés doivent, chaque jour, invoquer sur le clergé et sur eux-mêmes, et appeler des vœux les plus ardents le St-Esprit, qui descendit autrefois sur les premiers disciples et qui veut encore aujourd'hui, par notre ministère, renouveler la face de la terre.

Aussi M. d'Hurtevent recommandait-il à sa communauté une dévotion particulière envers les Saints Apôtres : « Ils ont été les « premiers séminaristes de l'Eglise, sous la discipline et la « direction de N. S. Sans doute le divin Sauveur pouvait les « ordonner prêtres, dès le moment qu'il fit choix de leurs per- « sonnes pour l'apostolat ; mais il ne voulut pas les revêtir aus- « sitôt du caractère sacerdotal. Il les tint même trois ans entiers « sous son discipulat, les instruisant par ses exemples et par ses « paroles, et les préparant à cette haute dignité. Son intention « était que, dans la suite des temps, les prélats de son Eglise « apprissent de sa conduite l'obligation qu'ils ont de n'imposer « à personne les mains à la hâte, mais de tenir les ministres « sacrés, un temps considérable, dans des séminaires où ils « puissent examiner leur vocation, se désabuser des maximes « pernicieuses du siècle et se former à toutes les fonctions de « leur état.

« Vous donc, disait-il, qui êtes ici réunis, vous devez res- « pecter dans les saints Apôtres les prémices de l'esprit ecclé- « siastique dont J.-C. possédait la plénitude ; c'est à ces premiers « clercs qu'il convient de vous adresser pour être établis et « confirmés dans l'amour de Dieu, la haine du péché, la sépa-

« ration du monde, le mépris de ses vanités et dans le zèle
« ardent du salut des âmes. Efforcez-vous aussi d'entrer en par-
« ticipation de la sainteté de leur vie, de l'amour et du respect
« qu'ils ont eu pour le saint sacrifice de l'autel et de la charité
« ardente qui les animait dans toutes les fonctions de leur mi-
« nistère. »

Dans ce nouveau cénacle, la sainte Vierge eut sa place
d'honneur. M. d'Hurtevent voulait qu'on la vénérât comme
l'auguste reine du clergé, toute remplie de la grâce de l'ordre
ecclésiastique. Le saint nom de Marie était gravé sur tous les
meubles de la Maison, son monogramme était peint sur les
portes des salles principales. Du premier coup-d'œil, un étranger
pouvait reconnaître que le séminaire la regardait comme sa souveraine et sa supérieure : mais surtout les disciples de M. d'Hurtevent savaient avec quelle piété filiale il leur montrait l'excellence de cette divine Mère, avec quel zèle il leur recommandait
la dévotion envers Marie. M. Maillard nous a conservé la substance de ces saints entretiens ; en voici quelques fragments :

« Ayons confiance en la T. S. Vierge. Elle a été donnée pour
« mère au genre humain, et spécialement au clergé, par le tes-
« tament de N. S. J.-C. au temps de sa plus tendre dilection pour
« l'Eglise, lorsqu'il l'engendrait sur le Calvaire, dans les douleurs
« de la croix..... Elle voit les rapports que nos saintes fonc-
« tions nous donnent avec sa maternité divine..... Enfin, la gloire
« de Dieu sur la terre et le bien des âmes étant entre les mains
« des ecclésiastiques, elle éprouve une inclination puissante à
« nous assister et à nous secourir, comme elle fit autrefois à
« l'égard des saints Apôtres et des Disciples qu'elle instruisit
« après l'Ascension et dont elle soutint le zèle pour l'établisse-
« ment de l'Eglise. C'est pourquoi le principal service qu'elle
« attend des prêtres est la destruction de l'empire du péché et
« l'établissement du règne de son Fils dans les cœurs des fidèles.
« Souvenons-nous aussi qu'elle ne se tient jamais plus saintement
« ni plus parfaitement honorée que lorsque l'estime de ses vertus
« porte ses serviteurs à les mettre en pratique, surtout son humi-
« lité, sa pureté et son amour envers N. S... »

Si pieuse que fut la parole du bon Supérieur, son exemple était
plus éloquent encore. Tous les Séminaristes remarquaient le
profond respect avec lequel il nommait la Très Sainte Vierge, la
très digne Mère de Dieu. Non content de célébrer ses fêtes et leurs
octaves avec grande dévotion, M. d'Hurtevent solennisait le samedi

de chaque semaine, en souvenir du Samedi Saint où, dans la défaillance générale des apôtres et des disciples, elle soutint l'Eglise par sa foi vive et inébranlable au mystère de la Résurrection. Ce n'était pas assez pour le dévot serviteur de Marie de sanctifier les samedis par le jeûne et par la récitation de l'office de l'Immaculée Conception, il les faisait chômer dans la Maison, autant que la charité et la prudence le pouvait permettre, et les chômait lui-même, en ne faisant rien, dans sa chambre, de quantité de petites actions que les âmes vraiment religieuses s'interdisent le dimanche. Enfin, par la récitation quotidienne du chapelet de six dizains, dont on se sert à S. Sulpice, il se proposait de glorifier les années que la Sainte Vierge a vécues sur la terre, selon la commune tradition. Toutes ces pratiques augmentaient sa confiance en Marie : il n'entreprenait et ne faisait rien qu'après avoir imploré son secours. Si l'affaire était importante et souffrait quelque délai, il célébrait le grand sacrifice d'impétration pour en remettre le fruit à son auguste protectrice. « O Dieu ! disait-il, « que ne peut-on pas obtenir de la divine Majesté, en lui présen- « tant, par les mains de la Très Sainte Vierge, Jésus-Christ immolé « sur l'autel ! » Ou bien, il faisait un pèlerinage à l'un de ses sanctuaires et y prêchait volontiers ses gloires, pour mériter ses faveurs. Mais l'affaire était-elle plus urgente ou de moindre conséquence, il ne décidait rien, ne donnait pas une réponse, ne commençait pas une lettre, avant d'avoir élevé son esprit et son cœur vers sa bonne et puissante Mère. Aussi, vers la fin de sa vie, faisait-il remarquer à M. Maillard, dans la joie de son cœur, que tout ce qui s'était fait à Lyon, soit pour l'établissement du Séminaire, soit pour l'acquisition de la Maison, avait été proposé, conclu ou exécuté, en des jours ou des temps spécialement consacrés à Marie.

Le même esprit de religion pénétrait M. d'Hurtevent du plus profond respect pour la personne du Pape qu'il vénérait comme le vicaire de J.-C. en terre, le successeur des apôtres, le chef de tout le corps ecclésiastique. Non-seulement il recevait avec une humble et amoureuse soumission toutes les décisions du Saint-Siège concernant la doctrine et les mœurs, mais il entrait de grand cœur dans ce qu'on appelait alors les sentiments romains. Entre les gravures qu'il avait ordinairement devant les yeux dans sa chambre, on voyait toujours le portrait du Souverain Pontife qui occupait alors la chaire de saint Pierre. M. Olier avait su inspirer à tous ses disciples cette foi inébranlable aux prérogatives du Saint-Siège. A son tour, et dans un temps où plusieurs théologiens complaisants flattaient le pouvoir royal (1), M. d'Hurtevent inculquait la bonne doctrine aux clercs et aux prêtres du Diocèse de Lyon. C'est là en effet qu'était la véritable force contre le jansénisme, qui avait pénétré déjà dans plusieurs Communautés et qui se répandait rapidement par toute la France ; mais, en s'éloignant de Rome, la Cour et l'épiscopat français affaiblissaient les coups qu'ils prétendaient porter à cette dangereuse hérésie. Avec une parfaite intelligence de la situation, le fondateur du Séminaire Saint-Irénée disait à ses confrères : « Entre les maux que l'on doit craindre de toutes « ces questions du temps, qui ont fait tant de bruit et si « peu de fruit, l'un des principaux et des plus grands est la « secrète atteinte qu'elles donnent à l'autorité souveraine du « Père commun de l'Eglise sur les enfants de Dieu. Et ce nous « doit être une grande consolation de vivre et travailler dans « un diocèse où, par la grâce de N. S. et les soins de notre « digne Prélat, tout le monde est en silence sur ces matières. » Aussi M. d'Hurtevent ne voulait-il voir entre les mains des séminaristes aucun livre qni traitât ces questions ; il ne souffrait pas même qu'on en parlât jamais hors de la classe où le professeur était obligé de les discuter et de résoudre les difficultés.

Les honneurs rendus à l'autorité du Souverain Pontife rejaillissent sur la personne de ses frères dans l'épiscopat. Ainsi, cet homme de foi, considérant Nosseigneurs les Evêques comme les anges de leurs Eglises, regardait beaucoup plus en eux la plénitude du caractère sacerdotal que l'éclat extérieur d'une magnificence séculière qui frappe les yeux et attire la vénération des peuples. Il se plaisait à honorer cette sainte dignité dans la beauté qu'elle tire de son origine. C'est ce qu'il fit à Nantes à l'égard d'un archevêque et de plusieurs évêques d'Angleterre que la persécution avait chassés de leurs diocèses et réduits à la dernière pauvreté. Il leur procura d'abord, de ses propres deniers, des vêtements conformes à leur dignité, et prit

(1) *V.* dans les *Recherches historiques sur l'assemblée de 1682, par M. Ch. Gérin, appendice,* A. plusieurs documents sur la faculté de théologie de Paris, *en 1663.* Parmi les communautés opposées aux vues gallicanes de Colbert, son espion lui signale « celle de St. Sulpice, où l'on élève, à « la vérité, des ecclésiastiques dans l'esprit d'une parfaite régularité ; mais « on assure que tout y est extrême pour l'autorité du Pape. Elle est d'autant « plus considérable que l'on y nourrit plusieurs personnes de qualité. n. P. 488.

un plaisir singulier à les honorer en toute rencontre. Il les visitait avec un profond sentiment de respect et ne manquait jamais de leur donner tous les titres d'honneur dont on a coutume d'user à l'égard des évêques. Ces prélats, dans leur détresse, ne pouvaient souffrir qu'il leur rendît tant d'honneurs ; mais il ne laissa pas de continuer, malgré leurs instances.

Il avait surtout pour Mgr l'archevêque de Lyon des sentiments aussi tendres que respectueux : les belles qualités que Dieu avait mises dans ce grand prélat (Mgr de Neuville) pour le gouvernement spirituel et temporel de son diocèse lui en donnaient une estime particulière ; les témoignages de bonté qu'il en recevait, en toute occasion, nourrissaient dans son cœur une affection très pure pour sa personne et un zèle ardent pour le service de son Eglise. Mais surtout sa dignité de chef et de père de son clergé faisait une telle impression sur l'esprit du pieux supérieur qu'il ne s'approchait jamais de son archevêque qu'avec une profonde vénération ; et lorsque nous allions à son palais, ajoute M. Maillard, il avait coutume de me dire : « Allons saluer « J.-C., notre divin Maître et notre grand évêque, en la personne « de Monseigneur, en qui il se rend visible pour le gouvernement « de ce diocèse. » C'était la disposition habituelle de son cœur et il la communiquait à tous ceux qui prenaient ses avis.

Nous avons dit ailleurs les égards qu'il témoignait aux ecclésiastiques. Il leur apprenait ainsi à se respecter eux-mêmes et à s'honorer les uns les autres, *honore invicem prævenientes*. Il voulait que, par leur démarche digne et leur maintien modeste, on pût connaître qu'ils avaient reçu un esprit opposé à celui du monde. Enfin, il inspirait aux séminaristes la plus grande estime de l'habit ecclésiastique, leur recommandant de le porter toujours avec affection et de n'en profaner jamais la sainteté par des ajustements séculiers et mondains.

Toutefois l'inclination particulière que lui donnait sa vocation pour le saint état du clergé, n'enlevait rien au respect et à l'amour qu'il devait aux religieux. Loin de ressentir ce zèle amer qui animait alors certains curés contre les réguliers, il ne souffrait dans le Séminaire aucune parole qui fût, sur ce point, contraire à la charité. Bien plus, il était entré dans le tiers-ordre de St-François, il en portait l'habit et le cordon, et en observait toutes les pratiques avec une grande dévotion. Le général des Chartreux lui avait donné des lettres d'affiliation qui lui étaient extrêmement chères ; la psalmodie de ces anges de la

terre, comme il les appelait, ravissait son âme et, pendant les
vacances, il n'avait point de plus agréable délassement que d'assister à leurs pieux offices. Enfin, bien qu'il n'eût pas fait ses
premières études sous la direction des Pères Jésuites, il admirait leurs talents, louait et bénissait leur zèle en toute rencontre.

Nous n'entrerons point dans le détail des conseils que le sage
supérieur donnait à ses disciples pour l'exercice des fonctions
du saint ministère. Tout ce qu'il disait sur l'administration des
sacrements, sur l'obligation et la manière de prêcher les vérités
du salut, est pleinement conforme à ce qui s'enseigne et se
pratique communément de nos jours. Mais, à voir la fidélité
avec laquelle M. Maillard rapporte toutes les instructions de
M. d'Hurtevent sur cette matière, on sent combien il fallut
d'efforts persévérants, pour inculquer au clergé l'estime du ministère paroissial et pour rendre à la chaire chrétienne l'objet
sacré et le ton élevé de son enseignement.

CHAPITRE V

Union du Séminaire Saint-Irénée au Séminaire Saint-Sulpice
(1663). — Sa dotation (prieuré de Firminy). — Lettres
patentes de Louis XIV (1665). — Eloges publics donnés
au Séminaire.

Es prêtres de St-Sulpice remplissaient donc heu-
reusement leur importante mission : ils travail-
laient avec un égal succès à la formation des séminaristes et au rétablissement de la discipline dans
l'ancien clergé ; tout le diocèse leur témoignait la
plus grande estime et leur donnait sa confiance. L'œuvre du
Séminaire était bien fondée. Pour la continuer, Mgr de Neuville
voulut conserver les mêmes ouvriers qui l'avaient entreprise.
Comme ils avaient été simplement prêtés en 1659, l'archevêque
s'adressa de nouveau (1663) à M. de Bretonvilliers et lui demanda
de les céder au diocèse de Lyon, en proposant d'unir pour toujours le Séminaire de St-Irénée au Séminaire de Paris, de telle
sorte que le supérieur de St-Sulpice demeurât chargé dans la
suite de donner à la maison de Lyon les sujets dont elle aurait
besoin. En acceptant cette charge, M. de Bretonvilliers fit comprendre au noble prélat qu'il y avait lieu d'assurer au Séminaire
St-Irénée les ressources nécessaires pour une installation plus
complète et pour l'honnête entretien des directeurs. Jusqu'alors
M. d'Hurtevent et ses confrères, loin de réclamer un traitement
convenable, avaient payé leur pension comme les Séminaristes.
Non content de se dépenser entièrement pour la bonne œuvre,
chacun donnait volontiers les revenus de son patrimoine (1).

(1) Nous croyons savoir que naguère encore, dans le même esprit, plusieurs directeurs du Séminaire Saint-Irénée ont fondé des bourses pour
les séminaristes pauvres.

Mais leurs petites ressources mises en commun ne pouvaient couvrir les dépenses extraordinaires d'une première organisation. Installés dans le riche hôtel des Gondi, ils ne se sentaient pas à l'abri de la gêne et de la pauvreté. L'état dressé par M. Guisain, le 1er juillet 1663, constate en effet, déduction faite des provisions et des arrérages de pensions, un déficit de 266 l. 14 s. 4 d. Encore faut-il remarquer avec le pauvre économe, pressé par des dettes criardes (1) :

1° Que la provision des feuillards et fagots, qui se monte à 260 l. ou 280 l. par an, n'a point été faite aux frais de la maison, mais qu'elle a été fournie par M. le comte de Vertrieux (un séminariste, chanoine de Mâcon);

2° Que M. d'Hurtevent a donné, cette année, 250 l., qui ont été consommées dans la dépense de la maison ;

3° Qu'ici n'est point comprise la dépense pour les médecins chirurgien et apothicaire, et pour l'entretien des quatre Messieurs, qui servent la maison, parce que l'économat n'en est point chargé ;

4° Qu'il n'est point tenu compte ici de ce que donne Mgr l'Archevêque pour le loyer des maisons (2).

Bref, ce fut avec grande satisfaction 'que, cinq ans plus tard, dans l'arrêté de compte du 3 décembre 1668, MM. d'Hurtevent et Guisain trouvèrent la balance équilibrée, sans excédant ni déficit (3).

(1) Ainsi 301 l. au boulanger, 455 l. au boucher (sans compter les 61 l. données par M. Maillard) et 75 l. sur les gages des serviteurs.

(2) En effet, même avant le contrat du 31 octobre 1663, Mgr de Neuville donnait 1500 l. par an, dont 1300 acquittaient le loyer des maisons ; les 200 autres suffisaient à peine pour les réparations locatives.

(3) Voici quelques détails extraits du registre. Le taux de la pension était fixé à 14 sous par jour ou 60 l. par quartier (trimestre). Deux causes concouraient à le rendre insuffisant : le petit nombre des séminaristes et la durée inégale de leur séjour. Ils ne pouvaient être plus de trente ensemble. Les uns obtenaient la faveur de demeurer deux ou trois ans, d'autres ne passaient qu'un mois ; lorsque ceux-ci venaient à quitter, leurs places, quoique retenues d'avance, ne pouvaient être occupées immédiatement.

Les gages des serviteurs n'étaient pas élevés : ainsi, le concierge recevait 20 écus, le cuisinier 80 l. ; mais l'économe, en bon père de famille, les soignait en maladie, payait les médicaments de l'apothicaire et les visites du chirurgien ; il avait également souci de leur instruction, leur faisait donner des leçons par un écrivain et leur achetait quelques livres élémentaires, voire le *Pédagogue chrétien*.

La viande ne coûtait que 14 l. le quintal (demi-quintal métrique). Le vin s'achetait à Vourles, Pollionnay, la Tour, Givors, Saint-Genis, au prix moyen de 35 l. la pièce, tous frais et droits compris, 'par ex : « pour 15 pièces de

Sans doute cette pauvreté fut, dans les commencements, une source de mérites pour les directeurs et de bénédictions pour l'œuvre naissante. Mais la divine Providence, qui veille, avec une sollicitude maternelle, sur l'enfant au berceau, commande à l'homme de pourvoir à ses propres besoins, dans la mesure de ses forces. C'est pourquoi, quand la maison fut fondée, sans cesser de donner beaucoup pour elle (1), le supérieur de St-Sulpice voulut qu'on la dotât selon les règles d'une sage administration.

M. Antoine de Neuville, toujours plein de zèle, offrit d'unir au Séminaire son prieuré de Firminy (2), dont le revenu était de 1500 l. environ. En qualité d'abbé-doyen de St-Martin de l'Ile-Barbe, Mgr l'Archevêque avait la collation de ce bénéfice. Il accepta cette démission qui fut remise entre ses mains, le 6 octobre 1663. Dès qu'il eut fait agréer cet arrangement à M. de Bretonvilliers, l'illustre prélat voulut procéder, dans les formes les plus solennelles, à l'établissement du Séminaire St-Irénée.

Son premier acte fut d'ériger canoniquement la Communauté, par une ordonnance dont les considérants portent l'empreinte de la piété la plus délicate et de la religion la plus profonde.

« Depuis qu'il a plu à Dieu de nous appeler à la dignité d'archevêque, nous avons cherché sans discontinuation les moyens de rétablir notre diocèse en tel état que, comme il tient le premier rang parmi ceux du royaume, il leur pût aussi, par sa piété, servir d'exemple. Nous avons pour cela non seulement établi plusieurs maisons de missionnaires, mais encore, estimant ne pouvoir rien faire de plus utile que l'érection des Séminaires pour l'instruction des Ecclésiastiques, nous nous sommes, entre autres, depuis quelques années, servi pour ce bon œuvre de quelques personnes du Séminaire St-Sulpice de Paris, qui, par leur bonne conduite, ont fait un si grand fruit dans tout notre diocèse que nous devons espérer que

vin, achetées à Pollionnay d'Etienne Bouchard, Charles Bertaud et Pierre Maudrier, soit 69 ânées 1/4, réduites à 66 3/4 à raison de 5 l. 15 s. = 384 l. — Ajouter pour l'entrée 71 l. 17 s. ; pour les bouviers (3 sous marqués par ânée) 3 l. 6 s. 3 d. ; enfin pour l'encavage et jauge 5 l. Total général 465 l. 3 s. 3 d., soit 7 l. 1 s. l'ânée). »
Il n'y avait grand extra qu'à la fête de saint Irénée, patron du Séminaire ; ce jour là on achetait au rôtisseur des poulets, même des dindons, qui coûtaient 25 sous la couple, et au pâtissier des friandises d'un sol et deux sous pièce. — Enfin, chaque semaine, pendant l'été, la Communauté passait une journée à la campagne, dans les environs de Sainte-Foy ; un maître-d'hôtel de l'endroit servait le dîner, qui n'allait pas au-delà de 19 à 20 l. pour quarante personnes.

(1) Les libéralités de M. de Bretonvilliers seront mentionnées ailleurs.

(2) Nous donnerons plus tard quelques notes historiques sur le prieuré de Firminy.

Dieu, dans sa miséricorde, le veut rétablir dans sa première splendeur.

« A ces causes, et afin que ces bons et heureux commencements aient les accroissements et le progrès que nous en espérons et puissent produire à toujours les mêmes effets, par un établissement ferme et durable, nous avons créé et érigé, créons et érigeons par ces présentes un Séminaire et Communauté..... Lequel nous voulons être conduit, régi et administré à perpétuité par les prêtres et ecclésiastiques de la Maison et Séminaire de St-Sulpice de Paris, tant au spirituel qu'au temporel....... »

Cette ordonnance fut rendue le 31 octobre 1663. Pour en assurer l'entière exécution, le même jour, Mgr l'Archevêque et M. d'Hurtevent, comme mandataire de M. de Bretonvilliers, signèrent le contrat (1) d'établissement et dotation du Séminaire St-Irénée.

Par cet acte, M. d'Hurtevent, au nom de la Communauté de St-Sulpice, se chargeait de la conduite et administration du Séminaire St-Irénée, sous l'autorité, pleine et entière juridiction des archevêques de Lyon, et s'obligeait à fournir continuellement et successivement quatre ecclésiastiques pour la direction de la maison. De son côté, Mgr de Neuville promettait d'unir au Séminaire St-Irénée le prieuré de Firminy et de donner en outre une somme de 20,000 l. pour les bâtiments ou meubles nécessaires. En attendant l'entrée en jouissance des revenus du prieuré, qui étaient réservés au titulaire, sa vie durant, l'Archevêque devait remettre 1500 l. chaque année aux directeurs du Séminaire. Au paiement de ces sommes le généreux prélat affectait et hypothéquait tous ses biens, meubles et immeubles, et spécialement sa terre et maison de la Morelle, située à Cury, paroisse de St-Germain, près Lyon. Enfin il promettait d'obtenir des lettres-patentes du roi et de les faire enregistrer où besoin serait.

Ce contrat fut ratifié (2), le 21 mars 1664, par M. de Bretonvilliers, Supérieur de St-Sulpice, et par les trois consulteurs présents à Paris, MM. de Poussé, Picotté et Tronson.

Il fallait encore l'agrément des chanoines de St-Martin-de-l'Ile-Barbe auquel le prieur de Firminy payait annuellement certaines redevances. Ils donnèrent leur consentement, le 25 no-

______

(1) Reçu à Lyon, notaire Grangier, insinué et enregistré au greffe des insinuations de l'Archevêché, le 13 décembre 1663, 20e registre, fos 240 et 241, par Renaud, greffier-commis.

(2) Par devant Mes Muret et Le Vasseur, notaires garde-notes du Roi, au Châtelet de Paris.

vembre 1664 (1), sous la double condition que les charges seraient acquittées comme par le passé et que les successeurs de M. d'Hurtevent seraient toujours tenus de reconnaître cette obligation.

Toutes ces pièces ainsi rédigées, Mgr de Neuville les fit présenter à Louis XIV, afin d'obtenir que l'établissement du Séminaire fût confirmé par des lettres-patentes. Le roi les octroya, le 14 août 1665, et daigna même, pour favoriser la nouvelle Communauté, lui accorder le privilège assez rare de recevoir, sans aucune sorte d'entraves, tous les dons et legs qui lui seraient faits à l'avenir. Ce document nous a paru aussi remarquable par l'élévation et la pureté des sentiments chrétiens que par la noble simplicité d'un langage vraiment royal (2).

Louis, par la grâce de Dieu, roi de France et de Navarre à tous présents et à venir, salut.

Le feu Roi, notre très honoré seigneur et père (que Dieu absolve), ayant, entre autres choses, signalé son règne par le rétablissement et augmentation de la religion catholique, apostolique et romaine en plusieurs endroits de notre royaume, Nous, suivant son exemple, n'avons rien tant à cœur que de contribuer de tous nos soins et notre pouvoir pour faire augmenter le nombre de ceux qui font profession de la même religion, comme la chose qui est assurément la plus agréable à Dieu : et Nous avons appris avec plaisir que notre très amé et féal Camille de Neuville, conseiller en nos conseils, archevêque et comte de Lyon, primat de France, abbé-doyen de l'abbaye de Saint-Martin de-l'Ile-Barbe-lès-Lyon, commandeur de nos ordres et notre lieutenant en la ville de Lyon, pays de Lyonnais, Forez et Beaujolais, a institué et érigé un séminaire et communauté de prêtres et ecclésiastiques qu'il a tirés du séminaire de Saint-Sulpice de Paris, pour servir à l'instruction de ceux de son diocèse qui aspirent à cette profession et perfectionner ceux qui s'y trouvent déjà engagés, par des retraites et

(1) Au chapitre général d'après la Saint-Martin, « convoqué au son de la cloche, en la manière accoutumée ; auquel étaient nobles, vénérables et égrégies personnes Messire Antoine de Neuville, archidiacre et vicaire-général de Monseigneur le Révérend abbé-doyen de Saint-Martin-de-l'Ile-Barbe, Antoine Courbon, prévôt, Jean Assier, maître de chœur, Besian Arroy, prieur de Saint-André et de Sainte-Anne, François du Trousy, infirmier, Jacques du Blanc, chamarier, Jean Carret, aumônier, Jean Bap, portier secrétaire de Notre-Dame, Pierre de Chatre, chantre, Pierre Giraudet, réfectorier, et tous chanoines de ladite église, capitulairement assemblés pour traiter et résoudre des affaires du Chapitre. »

(2) On conserve précieusement, au Séminaire Saint-Irénée, une expédition sur parchemin de ces lettres patentes. Comme les actes les plus importants de la chancellerie royale, elles sont scellées du grand sceau en cire verte, pendant sur des lacs de soie rouge et jaune, et elles ne sont datées que du mois et de l'année (pour faire entendre que ces ordonnances sont le fruit d'une longue et mûre délibération). La cire jaune servait pour les pièces moins considérables qui portaient la date du jour où elles étaient délivrées.

entretiens spirituels, conférences et exhortations ; lesquels, se répandant dans le diocèse, travaillent utilement et avec beaucoup de fruit à la sanctification des peuples; pour être ledit seminaire conduit, régi et administré à perpétuité par les prêtres et ecclésiastiques de ladite maison et séminaire de Saint-Sulpice, tant au spirituel qu'au temporel...... Pour la subsistance duquel séminaire, notre bien-amé et féal Antoine de Neuville, aussi conseiller en nos conseils, abbé de Saint-Just, prieur et seigneur de Firminy, vicaire-général dudit sieur archevêque, secondant ce bon et pieux dessein, se serait démis de son dit prieuré simple et séculier de Firminy (1)........

A cause de quoi, ledit sieur archevêque nous a très humblement supplié vouloir bien accorder nos lettres à ce nécessaires, et, désirant de tout notre pouvoir augmenter le culte divin, et étant bien informé du grand fruit qu'ont fait et font tous les jours les prêtres et ecclésiastiques de Saint-Sulpice pour le salut des âmes de nos sujets et conversion des pécheurs, et voulant donner des marques de la satisfaction que nous avons d'un si louable établissement et de la piété dud. sieur archevêque,

A ces causes, savoir faisons qu'après avoir fait voir en notre Conseil la démission dud. sieur Antoine de Neuville..... (2), Nous, de notre grâce spéciale, pleine puissance et autorité royale, avons, par ces présentes signées de notre main, approuvé, confirmé et permis, approuvons, confirmons et permettons l'établissement dud. séminaire..... avec l'union dud. prieuré..... Et, pour témoigner combien cet établissement nous est agréable, nous avons permis aux prêtres et ecclésiastiques de Saint-Sulpice et leurs successeurs d'accepter et recevoir tous legs et donations....., même d'acquérir et de posséder toute sorte de fonds et héritages....; lesquels héritages, maisons données ou à donner, ou par eux acquis ou à acquérir, nous avons dès à présent comme dès lors et dès lors, comme dès à présent, amorti et amortissons par les présentes.....

Sy donnons en mandement à nos amis et féaux conseillers, les gens tenant notre Cour de Parlement de Paris, Chambre des comptes et Cour des aides, et à tous nos justiciers et officiers..... que ces présentes ils fassent registrer et de tout le contenu en icelles jouir et user pleinement les prêtres de Saint-Sulpice..... nonobstant tous arrêts, règlements et ordonnances à ce contraires, auxquels nous avons dérogé et dérogeons par ces présentes. Car tel est notre plaisir. Et afin que ce soit chose ferme et stable à toujours, nous avons fait mettre notre scel à cesd. présentes, sauf, en autres choses, notre droit et l'autrui en toutes.

Donné à Paris, au mois d'août, l'an de grâce mil six cent soixante-cinq, et de notre règne le vingt-trois.   Signé : LOUIS
(et plus bas sur le repli)
          par le roi, PHÉLYPEAUX.

(1) Suit l'énumération des actes ci-dessus mentionnés.
(2) Item

Si l'autorité du roi était sans limites, elle ne s'exerçait pas sans entraves. Les lettres patentes que donna Louis XIV en faveur du séminaire étaient adressantes (*sic*) au Parlement de Paris (1). Mais, avant de les enregistrer à son greffe, la noble cour voulut renouveler toutes les formalités qui venaient d'être observées. Par un arrêt du 16 avril 1666, le Parlement ordonna de communiquer les lettres patentes au prieur de Firminy et au chapitre de l'Ile-Barbe et chargea le lieutenant-général de Lyon de procéder, en présence du substitut du procureur général, à une enquête publique *de commodo et incommodo* sur l'union du prieuré de Firminy au séminaire Saint-Irénée.

Dès que cet arrêt lui eût été signifié par le ministère d'un sergent royal, parlant à sa personne, M. Antoine de Neuville s'empressa de déclarer son consentement, par un acte authentique, le 31 mai 1666 (2).

Le lendemain, 1er juin, les chanoines de l'Ile-Barbe renouvelèrent leur adhésion « en reconnaissant les grands avantages qui résultent d'un si saint établissement dans le diocèse et voulant bien de leur part faire céder à un bien si considérable l'intérêt qu'ils peuvent avoir à l'extinction et suppression d'un bénéfice dépendant de leur abbé. »

Enfin, conformément à une ordonnance rendue le 8 juin, par le président au siège présidial de Lyon (3), furent assignés onze témoins, désignés par M. Pierre Bollioud-Mermet, avocat, faisant les fonctions de substitut, savoir :

Messires Claude d'ALBON, archidiacre et comte de Lyon, abbé de Savigny, âgé de 44 ans.

Louis de VILLE, chanoine et sacristain de l'église collégiale de Saint-Just, official ordinaire et métropolitain et vicaire général substitué de Mgr l'Archevêque de Lyon, âgé de 75 ans.

Jérôme CHALON, prêtre, chanoine et chamarier de l'église collégiale de Saint-Paul, lieutenant en la Primace de France, âgé de 48 ans.

(1) Les Parlements avaient la prétention de ne reconnaître aucune valeur aux ordonnances royales qu'ils n'auraient pas enregistrées. Comme la Généralité de Lyon était du ressort direct du Parlement de Paris, il importait que cette cour supérieure consentît à recevoir à son greffe les lettres parentes données au séminaire.

(2) Reçu Grangier, notaire tabellion royal, garde-note héréditaire.

(3) Mathieu de Sève, baron de Fléchères, seigneur de Saint-André-du-Coing Limonnettes et Villette, conseiller du Roi en ses conseils d'Etat et privé, président et lieutenant général en la sénéchaussée et siège présidial de Lyon.

Jacques Mauclerc, chanoine, sacristain et chef de l'église collégiale Saint-Nizier de cette ville, prévôt de l'église Saint-Salvadour, conseiller et aumônier du roi, âgé de 63 ans.

Salvator Manis, chanoine en l'église Saint-Paul de Lyon, âgé de 32 ans.

Laurent de la Veuhe, comte de Chevrière, baron de Cury, conseiller du roi, président trésorier de France au bureau des finances de la généralité de Lyon, prévôt des marchands de ladite ville de Lyon, âgé de 46 ans.

Guillaume Pralong, conseiller du roi en la sénéchaussée et siège présidial de Lyon, âgé de 48 ans.

Jean-Baptiste Pianello, conseiller du roi, président trésorier général de France en la généralité de Lyon, âgé de 60 ans.

Jérôme Chausse, conseiller du roi et président en l'élection de Lyon, âgé de 34 ans.

Jean Croppet, conseiller du roi en ses conseils, ci-devant président lieutenant-général au présidial de Forez, âgé de 60 ans.

Jean de la Rouere, avocat en parlement et ès-cours de Lyon, âgé de 40 ans.

Il semble que ces témoins aient été choisis pour représenter tous les intérêts publics, dans l'ordre spirituel et dans l'ordre temporel. Les cinq ecclésiastiques appartenaient aux nobles chapitres de Saint-Jean, de Saint-Paul, de Saint-Nizier et de Saint-Just; ils remplissaient les premières charges dans le gouvernement du diocèse, de la province et de la primatie. D'autre part, l'administration civile et politique, les finances et la justice députaient l'élite de la magistrature.

L'ensemble de leurs dépositions forme un concert d'autant plus harmonieux, que chacun parle à son point de vue particulier, au nom des intérêts spéciaux qui lui sont confiés.

Les ecclésiastiques commencent, et d'abord l'archidiacre qui, ayant la charge de présenter les ordinands à l'évêque, doit lui répondre qu'ils sont dignes de l'honneur auquel ils aspirent.

« Messire Claude d'Albon, archidiacre....., moyennant son serment qu'il a fait et prêté en tel cas requis, la main au pect (1) lecture à lui faite de l'arrêt et enquis des faits y contenus, dit et dépose que, depuis environ six ans que les prêtres de Saint-Sulpice ont commencé de s'établir en cette ville, Dieu a versé une si grande bénédiction sur leurs travaux qu'on en voit tous

(1) Les ecclésiastiques en effet prêtaient serment, la main sur la poitrine.

les jours les effets merveilleux dans la réformation de l'ordre ecclésiastique, qui apprend d'eux à mieux connaître la dignité et les obligations de son état, d'où il se répand une infinité de biens et de grâces sur tout le peuple, non-seulement de ce diocèse, mais encore des pays voisins, tellement que l'on ne saurait pourvoir plus utilement au bien de l'Eglise que par l'établissement dudit séminaire et par l'union du prieuré de Firminy, qui, étant de la valeur de 1500 l. de revenu, contribuera à sa subsistance. » Qu'est tout ce qu'il a dit et a signé D'ALBON.

La parole est ensuite à Messire Louis de Ville, vénérable vieillard qui, depuis longtemps, est vicaire général substitué. La charge d'official ordinaire et métropolitaire lui a permis d'apprécier les progrès que fait la réforme du clergé; « il en a, dit-il, une connaissance pratique »; et, en bon canoniste, il ajoute que « l'on ne peut pourvoir à la subsistance du Séminaire plus commodément ni plus conformément aux intentions du concile de Trente et des ordonnances que par l'union des bénéfices simples. »

De même, le prévôt des marchands, que « le devoir de sa charge oblige de veiller particulièrement au bien public, a reconnu qu'il n'est rien de si important pour cet effet que l'affermissement et la pratique des maximes de la religion ; à quoi ont travaillé si heureusement les prêtres du Séminaire de Saint-Sulpice, résidant depuis quelques années en cette ville que les notables fruits qu'ils ont faits sont universellement reconnus; et c'est pourvoir à la sûreté publique que de pourvoir à la sûreté de leur établissement. »

Le langage du président-trésorier-général n'est pas moins délicat ni moins élogieux : « Depuis que le Séminaire de Saint-Sulpice a commencé de s'établir en cette ville, pour enseigner aux prêtres, qui sont les trésoriers généraux des richesses du royaume de Dieu, comme ils doivent les dispenser utilement aux peuples, on a vu de si grands fruits de leurs enseignements que l'on ne peut pas douter que c'est affermir le culte de Dieu, l'obéissance au roi et le repos public que de contribuer au ferme établissement du Séminaire. »

En un mot, les témoins déclarent à l'envi : « que de l'établissement du Séminaire a commencé l'heureuse réformation qui fait de grands progrès dans l'état ecclésiastique, à la plus grande gloire de Dieu et à la consolation de tous les fidèles (1); — que

(1) Mr⁹ Chalon.

Dieu s'est servi de ce moyen, en nos jours, pour réformer l'état ecclésiastique et faire suivre à sa réforme celle de tous les fidèles (1) ; — que les ennemis mêmes de la religion sont obligés d'avouer et reconnaître ces merveilles, tant elles sont évidentes (2) ; — que, non seulement la ville de Lyon, mais encore la campagne, le diocèse entier et les pays voisins reçoivent du Séminaire les plus grands bienfaits (3). »

Des suffrages si honorables, donnés, sous la religion du serment, par les membres les plus distingués du clergé et de la magistrature, étaient l'attestation la plus solennelle des bénédictions que Dieu avait répandues sur les travaux de M. d'Hurtevent.

Aussitôt cette enquête terminée, le dossier fut envoyé à Paris et le Parlement s'empressa d'ordonner l'enregistrement des lettres patentes (10 juillet 1666).

On voulut ensuite demander la même faveur au grand conseil (4). Il rendit d'abord, le 25 janvier 1667, un arrêt ordonnant des procédures semblables à celles qu'avait prescrites le Parlement, et enjoignant même de communiquer l'affaire aux habitants de Firminy et de les assigner à comparaître devant le lieutenant-général. En conséquence, le lundi de Pâques, 11 avril, les ecclésiastiques, consuls et habitants de Firminy, réunis sur la place publique, à l'issue de la messe paroissiale, donnèrent leur consentement à l'union du prieuré et nommèrent un procureur pour paraître en leur nom devant le lieutenant-général. Peu après, le 4 mai 1667, les chanoines de l'Ile-Barbe ratifièrent cette union par un nouvel acte capitulaire. Enfin, le 11 du même mois, pour procéder à une enquête analogue à celle du 8 juin 1666, neuf témoins furent assignés et l'information eut lieu, dès le lendemain, 12 mai 1667.

Sans nous arrêter à reproduire leurs dépositions qui expriment les mêmes sentiments dans un langage peu différent, nous nous

(1) Mʳᵉ Manis.
(2) Mʳᵉ Pralong.
(3) Mʳᵉˢ. Mauclerc, Chausse, Croppet, de la Rouëre.
(4) Les attributions du grand conseil étaient fort multiples. Ainsi il jugeait : 1° les procès concernant les bénéfices ecclésiastiques à la nomination du roi ; 2° les appels et les conflits du parlement de Paris et des autres parlements ; 3° toutes les affaires qu'il plaisait au roi d'évoquer directement à son tribunal. Et, comme certaines contrées du diocèse de Lyon ressortissaient aux parlements de Dijon et de Grenoble, il était plus prudent et même plus simple de faire enregistrer les lettres patentes du Séminaire au greffe du grand conseil.

contenterons de nommer les principaux personnages qui donnèrent au Séminaire leurs suffrages si précieux.

Messires François Crémeaux de Pollionay, chanoine et comte
de Lyon, seigneur de Saint-Symphorien-le-Châtel, âgé de 46 ans.

Hugues Jamon, chanoine obéancier et chef de l'église collégiale
de Saint-Just, âgé de 37 ans environ.

Emmanuel de Lascorisse d'Urfé, marquis dudit lieu, comte de
Sombrise, bailli de Forez, âgé de 63 ans.

Paul Mascranny, écuyer, sieur de la Verrière, prévôt des marchands de la ville de Lyon, âgé d'environ 60 ans.

Etienne Berton, conseiller du roi en la sénéchaussée et siège
présidial de Lyon, seigneur de Flacé, du Villars et de Vécudois,
âgé de 47 ans.

Enfin, le 30 juin 1667, par arrêt du grand conseil, les lettres
patentes furent enregistrées à son greffe, pour être gardées, observées et exécutées selon leur forme et teneur (1).

L'historien de Mgr de Neuville (2) exprimait donc le sentiment unanime de ses contemporains, quand il disait, trente ans
plus tard, du Séminaire Saint-Irénée : « Je ne fais pas difficulté
de publier que l'établissement de cette maison est le plus grand
ouvrage de notre prélat. Si le Seigneur nous a fait connaître par
son divin Esprit qu'il n'est jamais plus glorifié que par la sainteté
et la science de ses ministres, quelle gloire n'a-t-il pas déjà eue
et n'aura-t-il pas à l'avenir de ceux que cette même maison a
donnés à ses autels et à son peuple, pleins de ces deux belles
qualités? L'oraison, la doctrine, la dévotion, la modestie, la sin-
cérité et l'honnêteté brillent dans tous les endroits de ce diocèse
qui ont le bonheur de posséder des prêtres élevés dans ce séminaire ; les gens de bien le béniront éternellement, particulièrement
quand ils se souviendront de ce qu'était M. d'Hurtevent, son
premier supérieur, et des grands services qu'il a rendus au
diocèse. »

J.-M. de la Mure (3) parle aussi avec estime du Séminaire
qui a pris l'heureux vocable du grand saint Irénée, conduit par

(1) Toutes ces formalités coûtèrent 133 l. qui furent données par
M. Tronson.

(2) Guichenon. — Vie de Camille de Neufville, Lyon 1695, pp. 113-114.

(3) *Histoire ecclésiastique du Diocèse de Lyon*, Lyon, 1671, p. 223. —
Dans l'année même de la publication de cet ouvrage, un autre J.-M. de
la Mure, probablement neveu et filleul du célèbre historien, entra au séminaire S. Irénée (28 nov. 1671) et y demeura plus de deux ans. Il mourut dans
sa famille le 18 avril 1674.

des prêtres zélés que Mgr de Neuville a appelés du Séminaire de Paris. »

Pour achever cet éloge, il nous faudrait présenter le tableau de l'heureuse réforme dont le Séminaire fut le principal instrument et montrer avec Massillon (1) : « les clercs devenus attentifs à leur ministère, les peuples instruits par leur doctrine, secourus par leur zèle, édifiés par leur exemple ; tout ce grand diocèse renouvelé et rapproché presque de la discipline des premiers temps. »

(1) Oraison funèbre de Messire de Villeroy, archevêque de Lyon 2e partie

CHAPITRE VI

Zèle de M. d'Hurtevent. — Ses relations avec M. Démia,
instituteur de la communauté de Saint-Charles

oin de se manifester au dehors avec éclat, le zèle
de M. d'Hurtevent se concentrait, autant que
possible, dans l'intérieur du séminaire. La
formation des ecclésiastiques était sa grande
occupation, la seule par laquelle il eût voulu
contribuer à la sanctification des peuples. Cependant l'action
extérieure du bon supérieur était parfois plus réelle et
plus directe : lorsque les prêtres, qui venaient au séminaire, lui confiaient les tristesses de leur ministère et lui
révélaient les besoins des paroisses, il ne refusait pas d'entrer
à leur suite dans le détail des œuvres utiles ou nécessaires;
comme eux, il s'intéressait au soulagement de toutes les
misères ; avec eux, il cherchait le remède providentiel qui
souvent, échappant aux regards de la sagesse humaine, se
découvre de lui-même aux yeux de la foi, dans le silence de la
retraite. « C'est ainsi, dit M. Maillard, que, tout en demeurant
étranger à l'administration officielle du diocèse, la plupart des
affaires importantes, surtout celles du clergé, passaient par ses
mains. Il s'y employait avec une assiduité merveilleuse, et auprès
de Dieu par la prière, et auprès des hommes par les moyens qui
pouvaient en procurer le succès. La sollicitude qu'il en avait lui
dérobait souvent le sommeil, même des nuits entières, tant pour
les recommander à N. S., que pour rechercher en sa sainte lumière les voies qu'il fallait prendre. Néanmoins, lorsque tous
ses soins, ses veilles et ses travaux, n'avaient pas le succès qu'il
s'était promis, il n'en éprouvait ni peine, ni inquiétude, mais
adorait les secrets de la divine Providence, en remerciant Dieu

avec humilité de lui avoir inspiré le dessein de servir l'Église en cette affaire. »

Telle fut en particulier sa conduite envers les religieuses. Il fit toujours paraître une très grande réserve à leur égard, ne s'occupa jamais de leurs affaires et ne leur rendit aucun des services qu'on pouvait attendre de sa charité. Il ne laissait pas cependant d'estimer et de représenter leur direction comme une charge aussi sainte que périlleuse, toute pleine de charité et d'édification.

Nous ne sommes donc pas surpris de retrouver à chaque page, dans les registres du séminaire Saint-Irénée, les noms de bons prêtres, les de Vertrieu, les Manis, etc., qui étaient à la tête de toutes les saintes entreprises. Ils se dérobaient à leurs occupations pour venir dans cet asile, comme à la source de l'esprit ecclésiastique, puiser avec abondance la grâce qui fécondait leurs œuvres. En présence de Dieu, on s'entretenait du séminaire des Nouvelles catholiques, de la Maison des filles repenties, de la perfection de plusieurs communautés de religieuses, et, sans bruit, avec une sainte émulation, se poursuivait de tous les côtés à la fois la réforme générale si heureusement commencée.

De tous les ecclésiastiques que dirigeait M. d'Hurtevent, celui qui, à notre avis, a mérité davantage de la postérité, est M. Charles Démia, fondateur du séminaire des maîtres d'école et instituteur des Sœurs de Saint-Charles (1). Le souvenir de ce dévot serviteur de l'Église n'est pas assez vivant dans le diocèse de Lyon, qui devrait être tout ensemble plus reconnaissant et plus fier des services qu'il a reçus de lui.

Né à Bourg-en-Bresse, le 3 octobre 1636, tonsuré le 31 mars 1654, il se donna généreusement à Dieu, et, après un court séjour au séminaire Saint-Irénée, en mai 1660, il partit pour Paris où il demeura trois années dans les séminaires des Bons-Enfants, de Saint-Nicolas-du-Chardonnet et de Saint-Sulpice. De retour dans sa paroisse natale, il donna des conférences ecclésiastiques, semblables à celles de Saint-Lazare, comme M. d'Hurtevent venait de les établir à Lyon. Après avoir travaillé sans succès à la réforme de la collégiale de Bourg, son zèle se porta vers les indigents, dont il se fit le père

(1) Sa *Vie* a été donnée au public, Lyon, 1829, par M. Faillon, de Saint-Sulpice, alors directeur au séminaire Saint-Irénée. Cet ouvrage fut loué dans le bulletin bibliographique des *Archives du Rhône*, tom. x, p. 376-379.

et le nourricier. Il éprouva dès lors un attrait irrésistible pour l'instruction des gens de la campagne et spécialement des enfants les plus pauvres (1). Sans tarder, brûlant du désir de se vouer à ce ministère apostolique, il vint au séminaire Saint-Irénée (décembre 1664). Il eut le plaisir d'y rencontrer le vénérable M. Combet qui, vingt-cinq ans plus tôt, avait songé à la même œuvre (2). Durant les trois semaines que M. Démia demeura au séminaire, M. d'Hurtevent eut le loisir de l'apprécier à sa juste valeur et de discuter avec lui le généreux projet qu'il avait conçu. Chaque jour, depuis quinze ans déjà, le digne supérieur demandait à Dieu de susciter des maîtres et des maîtresses d'école qui voulûssent se vouer à l'instruction des enfants pauvres. Il était même, croyons-nous, du nombre des treize ecclésiastiques de Saint-Sulpice qui, envoyés à Liancourt par M. Olier, au plus fort des troubles de la Fronde, formèrent, le 15 mars 1649, entre les mains de M. Bourdoise, une association de prières sous l'invocation de saint Joseph, patron et modèle des instituteurs de l'enfance. Selon sa manière originale et sentencieuse, le fondateur de Saint-Nicolas-du-Chardonnet leur avait dit : « Les maux de l'Église ne peuvent être guéris que par les séminaires et par les petites écoles. Les séminaires sont les écoles des ecclésiastiques, et les petites écoles sont les séminaires des chrétiens. »

Si l'ignorance régnait alors dans les basses classes de la société, ce n'était point la faute de l'Eglise. Libre et honorée au treizième siècle, elle avait fondé partout des universités, des colléges et des écoles primaires (3). La grande peste de 1348, la guerre de Cent ans et surtout les guerres de religion avaient considérablement diminué ses ressources, affaibli son autorité et désorganisé son personnel de l'enseignement.

(1) De là vient qu'il prit pour armes un cœur d'or au nom de Marie d'argent, avec cette devise: « *Pauperibus evangeliʓare misit C. D.* » ou : « Dieu a envoyé pour évangeliser les pauvres C. D. » — Ces dernières lettres sont les initiales de son nom.

(2) Ce détail nous est révélé par les Mémoires manuscrits de M. du Ferrier. Ils nous montrent, en 1638, M. Combet allant demander à l'évêque de Valence l'approbation pour une école de village, rencontré dans l'antichambre du prélat par M. Meyster, prédicateur célèbre qui l'entraina en Saintonge pour y donner des missions. Nous avons dit ailleurs ce que ce digne prêtre, curé de Saint-Romain, faisait en 1643 pour les clergeons de Saint-Jean.

(3) La question de l'enseignement primaire au moyen-âge a suscité, dans plusieurs provinces, des recherches aussi utiles qu'intéressantes (v. g., pour la Normandie, les travaux de MM. de Beaurepaire et Baudrillart. Pourquoi ne pas entreprendre semblable étude sur le Lyonnais, Forez, et Beaujolais ?

C'était une œuvre à reprendre. Il ne suffisait pas de faire le catéchisme aux populations ignorantes de la campagne. Pour prévenir le mal, il fallait instruire les enfants.

Les supplications adressées au ciel par la pieuse association de Saint-Joseph furent enfin exaucées. Elles valurent au séminaire de Saint-Sulpice l'honneur de fournir à cette entreprise ses premiers ouvriers. Car, pour nous borner à quelques exemples plus connus, c'est là que le Vénérable Grignon de Montfort puisa l'esprit que conserve toujours la belle Congrégation des Sœurs de la Sagesse; c'est à cette école que le Bienheureux de la Salle apprit à pratiquer les vertus qu'il a laissées en héritage aux Frères des Ecoles chétiennes. On sait même que, par vénération pour la mémoire de M. Olier qu'il n'avait pas connu et qu'il appelait néanmoins son père, M. de la Salle alla jeter d'abord à Vaugirard les fondements de sa Communauté, et, l'ayant ensuite transférée près du séminaire de Saint-Sulpice, il tenta, mais sans succès, de l'agréger à cette maison. La diversité de fonctions des deux Sociétés ne permit pas sans doute qu'on lui donnât cette satisfaction qu'il demandait avec beaucoup d'instances. Il en faut dire autant de M. Démia

Sa retraite terminée, M. D'Hurtevent, admirant le trésor que la divine Providence avait mis entre ses mains, crut devoir le présenter à M. Antoine de Neuville, et celui-ci, à son tour, à Mgr l'Archevêque. M. Démia n'avait encore que 28 ans; son tempérament était faible, sa santé chétive; il n'en fut pas moins jugé capable des plus grandes entreprises. Dans le cours de ses visites pastorales, le prélat avait remarqué que les ecclésiastiques de la Bresse, moins attachés au centre du diocèse, avaient besoin d'une direction plus immédiate et plus assidue. Il avait songé à établir dans cette contrée un archiprêtre éclairé, prudent et zélé, pour travailler aux réformes nécessaires. Aussitôt qu'il connut M. Démia, il ne balança pas à lui confier cette charge en le nommant visiteur extraordinaire de la Bresse, du Bugey et de la Dombe. Si difficile que fût cette mission, le jeune prêtre dut l'accepter. Il la remplit avec un succès qui justifia pleinement aux yeux de tous, la mesure et le choix du prélat. Après avoir parcouru en apôtre tout le pays au-delà de la Saône, M. Démia eut soin, sur les conseils de M. d'Hurtevent, de dresser un état du clergé de cette province, afin de tirer un parti aussi durable qu'avantageux des connaissances qu'il avait acquises. Souvent l'administration diocésaine éprouvait le plus grand embarras, quand il s'agissait d'ordonner et d'approuver certains sujets ou de leur conférer les bénéfices. Le sage visiteur composa donc un registre général qui contenait les noms de tous les ecclésiastiques, avec notes sur leurs bonnes ou mauvaises qualités, mention de toutes les plaintes, procédures, requêtes, ordonnances faites à leur sujet, — renseignements sur la valeur et sur les charges des bénéfices dont ils jouissaient, — observations détaillées sur les besoins de chaque église, chapelle et paroisse. Ce travail considérable, poursuivi durant les années 1666 et 1667, fut achevé en trois forts volumes, bientôt suivis d'un supplément à jour.

Pleinement satisfait du zèle de M. Démia, Mgr de Neuville lui donna de nouvelles preuves de sa confiance en l'appelant à d'autres fonctions non moins importantes. Après de longues résistances, l'humble prêtre, avec l'approbation de son directeur, consentit à remplir la charge de second promoteur. Il fallut, dit l'auteur de sa vie, que M. d'Hurtevent, son meilleur ami, son confident le plus sûr et son père affectionné, employât toute son autorité et tout l'ascendant qu'il avait sur lui pour l'y faire acquiescer.

Avant d'entrer en fonctions, M. Démia fit encore une retraite au séminaire Saint-Irénée. Les résolutions qu'elle lui suggéra sont bien propres à nous faire connaître, avec sa tendre piété, la candeur de son âme et l'ardeur de son zèle : « Je tâcherai d'adorer fréquemment J.-C., grand promoteur de la gloire de Dieu son Père, en m'étudiant à imiter sa conduite. J'envisagerai, dans la personne de Mgr, celle de J.-C., auquel je demanderai un grand amour et une grande estime tant pour ce prélat que pour tous les officiers de ce diocèse........ Avant de traiter avec les hommes, je consulterai le divin Maître. Enfin, je me souviendrai que, si la bouche d'un promoteur doit tonner contre les méchants, son cœur doit conserver pour eux une charité de frère et des entrailles de miséricorde. » Il termine par une belle prière qu'il adresse au divin Promoteur, en se recommandant aux saints qui ont eu un grand zèle pour le rétablissement de la discipline ecclésiastique. Aux noms de saint Charles Borromée et de saint François de Sales, il joint ceux de MM. Vincent, Bourdoise et Olier.

Il tint ses résolutions, poursuivit le mal partout où il le rencontra, sans être arrêté par aucune considération humaine, n'ayant souci que de la gloire de Dieu et de l'autorité de Mgr l'Archevêque. Avec l'estime et les respects des gens de bien, il s'attira la haine et l'aversion des méchants. Ses intentions furent calomniées, sa vie même fut plusieurs fois menacée. Il n'en demeura pas moins fidèle à son devoir. Ses réquisitoires en donneraient mainte preuve (1) ; mais une petite anecdote, racontée dans sa *Vie*, nous révèle mieux encore l'excellence de ses dispositions. Un jour que, après avoir longtemps souffert d'une fièvre quarte, il reparaissait aux conseils de l'Archevêché, un des membres de l'assemblée, faisant allusion à sa maladie, lui dit en riant: «--Vous n'avez eu, Monsieur, que ce que bien des gens vous ont souhaité. — Et moi, répondit simplement M. Démia, je désirerais être encore autant de temps travaillé de ma fièvre, pourvu que ceux qui me l'ont souhaitée voulussent se convertir. »

En prenant une part si active à l'administration du diocèse, M. Démia n'oubliait point les projets qu'il avait formés en faveur des enfants pauvres. Il se servit au contraire de l'autorité que lui donnaient ses fonctions pour propager ses idées et préparer la réalisation de son dessein. Et d'abord, des remontrances vigoureuses, adressées, en 1666 et 1668, à MM. les Prévôt des marchands et Echevins de Lyon, produisirent dans le diocèse une vive sensation et furent entendues au loin, à Paris par M. Féret, curé de Saint-Nicolas, à Rouen par le P. Barré, à Reims par un pieux chanoine, M. Roland, qui les fit lire au jeune abbé de la Salle. Celui-ci les goûta et conçut dès lors les premières ardeurs de ce zèle admirable dont nous connaissons encore les heureux effets.

Ainsi s'exprime, après M. Faillon, l'auteur de la nouvelle *Vie du B. de la Salle* (2) ; et c'est, croyons-nous, le plus beau titre de M. Démia à la reconnaissance de la postérité.

Sans vouloir raconter ici les origines laborieuses du Séminaire de Saint-Charles, il est bon de faire observer, à l'honneur de M. d'Hurtevent, que les premiers ecclésiastiques employés dans les petites écoles de Saint-Georges, Saint-Pierre, Saint-Michel, Saint-Nizier, et Saint-Paul, furent formés au Séminaire Saint-Irénée ; que les registres de l'Economat ont conservé les dates des retraites communes que le pieux instituteur faisait avec ses associés, avant d'entreprendre une nouvelle fondation ; enfin, que des successeurs immédiats de M. Démia dans le gouvernement de la communauté de Saint-Charles, les deux premiers, MM. Nicolas et Esparon, avaient fait leur noviciat à Saint-Irénée, et le troi-

---

(1) Dans les liasses de l'Officialité, aux Archives départementales.
(2) Rouen. 1874. — Introduction, p. 22.

sième. M. Bourlier, y avait passé près de quarante ans, en qualité de séminariste ou de directeur.

C'est que M. d'Hurtevent était, aux yeux de M. Démia, un modèle accompli des vertus sacerdotales. Aussi, lorsque, dix ans après la mort de son pieux guide, le fondateur de Saint-Charles publia le *Trésor clérical* (1), à l'usage de ses maîtres d'écoles et de tous les ecclésiastiques, on vit bien que le temps, loin d'affaiblir ses sentiments de vénération, leur imprimait un caractère religieux et sacré. Dans la préface de cet ouvrage, il rendit publiquement hommage à la sainteté de son maître qu'il ne craignit pas de mettre en parallèle avec saint Vincent de Paul : « Ce livre, dit-il, contient plusieurs instructions importantes pour la perfection de l'état ecclésiastique,..... recueillies de la conduite de quelques bons prêtres de nos jours, entre autres de M. Vincent de Paul, supérieur général de la Mission de Saint-Lazare... et de M. d'Hurtevent, très digne supérieur du Séminaire Saint-Irénée, dont la mémoire est d'autant plus en bénédiction parmi le clergé du diocèse de Lyon, que plusieurs ont pu profiter de la bonne odeur de sa conversation. » Et le pieux auteur ajoute, avec une grâce charmante : « Encore que l'on estime beaucoup les ouvrages qui imitent l'araignée, laquelle tire la matière de sa propre substance, néanmoins l'on ne peut nier que le travail des abeilles ne soit ordinairement plus agréable et plus utile quoiqu'elles empruntent, ou, pour mieux dire, qu'elles dérobent innocemment cette beauté et cette bonté dans les champs d'autrui. »

Enfin, pour demeurer uni à M. d'Hurtevent, jusque dans la mort, M. Démia exprima le désir d'être enterré à ses pieds dans la chapelle du Séminaire Saint-Irénée. Cette humble demande, renouvelée dans son testament, fut religieusement exaucée, comme nous aurons occasion de le raconter dans la suite.

(1) Lyon. 1682

CHAPITRE VII

E zèle qui animait M. d'Hurtevent à soutenir tant de bonnes œuvres, lui inspira-t-il aussi la pensée d'organiser les catéchismes dans une église paroissiale de Lyon, comme M. Olier les avait établis à Saint-Sulpice et M. de Lantages au Puy ? Ou voulut-il augmenter ses ressources et le fixer définitivement auprès de sa Collégiale ? Toujours est-il qu'au mois de février 1665, M. de Bretonvilliers soumit à l'assemblée des consulteurs le dessein qu'on avait formé d'unir au Séminaire la cure de Saint-Vincent. Sans doute le Chapitre de Saint-Paul, curé primitif de cette paroisse, avait préalablement obtenu l'assentiment du titulaire, M. François Béraud, qui remplissait pieusement ses fonctions (1). Mais, nous ne savons pour quelle cause, aucune suite ne fut donnée à ce projet.

(1) Il ne mourut que dix ans après et fut inhumé dans le chœur de l'église Saint-Vincent par MM. les Chapitre et Chanoines de Saint-Paul, le 16 octobre 1676.

Son successeur, Noël Chomel, est plus connu. D'abord séminariste de Saint-Sulpice, puis chargé par M. Tronson de l'administration des biens du château d'Avron près Vincennes, ensuite économe du grand hôpital ou Hôtel-Dieu de Lyon, ses observations personnelles, ses études et ses entretiens avec le fameux de la Quintinie lui permirent de composer son *Dictionnaire économique, agronomique et médical* (1709, 2 in-f°). Pour connaître, à ce point de vue, ce curieux personnage, il suffit de lire l'avertissement du libraire en tête de l'ouvrage. D'ailleurs prêtre vertueux, ami des pauvres, chargé de la communauté du Bon Pasteur, fondateur de l'Association de l'Enfant Jésus, à laquelle il donna le secret de la préparation de l'*Agnus castus* ; il eut néanmoins quelques différends avec les marguilliers de sa paroisse (voir la collection Coste, n° 1267).

On sentait bien que le Séminaire n'était pas installé pour longtemps dans les maisons des Gondi et des Guéton. Chaque jour le local se montrait plus insuffisant, à mesure que les demandes d'admission devenaient plus nombreuses. C'est ainsi qu'au mois d'août 1668, pour loger au Séminaire 68 curés retraitants qui sollicitèrent instamment la faveur d'y être reçus, il fallut emprunter 13 lits, sans compter ceux que M. de Vertrieux prêta gratis, et louer 3 livres dans une maison en face, un petit appartement pour deux Directeurs qui cédèrent leurs chambres.

Il était donc temps de chercher d'autres bâtiments ou un autre emplacement. Au mois de mars 1668, l'attention de M. d'Hurtevent se porta sur un grand tènement d'immeubles sis au quartier Saint-Clair, près la Croix-Pâquet, d'une contenance de six bicherées environ (1). Dans un site agréable et pittoresque, au pied d'un côteau rapide, toujours couvert de verdure, sur les bords du Rhône qui baignait alors son mur de clôture (2), à deux pas des quartiers les plus animés de la ville; c'était une solitude vraiment recueillie et favorable à la vie du Séminaire. Or cette propriété, qui appartenait, du chef de leur père, aux enfants mineurs de Guillaume Deschamps, était déjà saisie par une foule de créanciers hypothécaires et devait être prochainement vendue aux enchères. Mais la veuve Deschamps, avec une obstination qu'excuse la tendresse maternelle, multiplia les formalités, fit traîner l'affaire en longueur et finit par

(1) Un peu moins d'un hectare. Voici comment ils sont décrits : un grand ténement de maison, du côté de soir, consistant en cave, premier, second étage, grenier au-dessus en toute son étendue; un autre corps de logis, du côté de matin, consistant aussi en cave, bas, premier, second étage, grenier au-dessus en toute son étendue; cour, fontaine comme encore un autre bâtiment de maison, consistant en grange à bois et fenière, et, en la partie du côté de bize, un bas et chambre au-dessus; une cour, jardin, verger et vigne; le tout joint ensemble, situé au quartier Saint-Clair, paroisse Saint-Pierre-Saint-Saturnin, que jouxte la place de la Croix des Rameaux de bize, le grand chemin tendant de ladite place à la Croix-Rousse de soir, la maison et jardin de Cyprien de la Salle de bize, et encore les vignes des Dames Religieuses (un chemin entre deux) de soir et bize, sauf les autres plus vrais et meilleurs confins.

(2) Il y a seulement une centaine d'années, vers 1760, que, le Rhône se retirant peu à peu, on commença à bâtir sur le terrain qu'il abandonnait. Ces édifices, venant à se multiplier avec la population, finirent par enclaver le vieux Séminaire.

exiger qu'on procédât préalablement à la discussion des effets mobiliaires de l'hoirie.

Cependant, au mois de mai 1669, elle consentit à louer une grande partie de l'immeuble aux Directeurs du Séminaire qui en prirent possession le 2 juillet suivant. Ils furent autorisés à faire, dans l'intérieur des bâtiments, différents travaux d'appropriation, mais à condition que la propriété n'en souffrirait aucun dommage ou qu'elle serait rétablie dans l'état antérieur au gré du futur acheteur. C'était se condamner à faire, à tout prix, cette acquisition. S'il faut en croire une déclaration intéressée de M. Maillard, l'immeuble ne valait que 40,000 l. : il fut adjugé pour la somme de 45,200 l. (22 juin 1670) à un procureur qui le lendemain élut en amis et subrogea à sa place Messires Damien d'Hurtevent et Baltazar Maillard.

Au prix principal de la vente il faut encore joindre le montant des cens et servis, droits et devoirs seigneuriaux, avec une indemnité accordée à un locataire et les dépenses faites pour la construction de la chapelle. Expliquons rapidement chacun de ces articles.

Tout le tènement acquis, mesurant six bicherées, se mouvait de la rente noble et directe du monastère de Saint-Pierre, à la réserve de trois bicherées de terre, qui relevaient de la directe de MM. les Chamarier et Chapitre de Saint-Paul, rente de Saint-Sacerdos. Or, les trois bicherées de Saint-Paul, qui étaient le long de la propriété du Sieur Cyprien de la Salle, n'avaient qu'une valeur de 3,500 l. environ, tandis que le reste, avec les constructions, était estimé au prix de 42,000 l. Par suite de l'adjudication faite au profit du Séminaire Saint-Irénée, chacun des seigneurs avait à percevoir une part proportionnelle de laods ou lods que nous appellerions aujourd'hui droits de mutation. Cette redevance, dans le pays de Lyon, était fixée au dixième de la valeur: le Séminaire devait donc 350 l. au chapitre de Saint-Paul et 4,200 au royal monastère de Saint-Pierre. Mais, avec autant d'empressement que de générosité, par délibération prise dès le 17 juillet 1670, les nobles chanoines de Saint-Paul firent, de grâce, purement et simplement, remise de ces droits à Messieurs du Séminaire Saint-Irénée, à la charge toutefois de payer les portages à leur secrétaire et un louis d'or et demi aux officiers du Chapitre. De son côté, l'abbesse de Saint-Pierre voulut bien réduire à 4,000 l. sa part des laods, mais en réservant explicitement les droits de portage, dus au notaire, prévôt et secrétaire du monastère. On appelait du nom de portages les honoraires donnés à l'officier seigneurial, qui avait la charge de percevoir les redevances féodales. Ils s'élevaient au quarantième du prix de la vente: on remit donc 1,000 l. à Me Ravat, notaire de Saint-Pierre, et 87 l. au secrétaire de Saint-Paul (1).

En outre, les terres et propriétés censitaires devaient un droit de mutation moins considérable, qu'on appelait milaod, toutes les fois que le père de famille les transmettait à ses enfants par voie d'héritage. Or, l'immeuble Deschamps, acquis par une Communauté perpétuelle, étant devenu biens de main-morte, il n'était que juste de compenser le droit de milaod par une indemmité équivalente.

Les parties intéressées s'entendirent à l'amiable.

Le Chapitre de Saint-Paul, moyennant une rente annuelle, amortissable au capital de 700 l., consentit au rachat de la rente noble, fit les dévestitures et investitures au profit des Sieurs du Séminaire Saint-Irénée, et reconnut les fonds allodiaux à perpétuité, francs et exempts de tous droits et devoirs seigneuriaux (2).

Avec madame l'Abbesse de Saint-Pierre les arrangements ne furent pas si faciles. Elle voulait retenir le Séminaire Saint-Irénée pour son emphytéote et lui demandait de constituer homme vivant et mourant pour le représenter, c'est-à-dire de désigner un individu à la mort duquel les droits de milaod seraient exigibles. Telle était la coutume générale. Mais les Directeurs du Séminaire prièrent l'illustre et puissante dame Anne d'Albert de Chaulnes de considérer toutes les difficultés que pouvait occasionner un pareil système : on allait sans

---

(1) M. Chéruel (*Dictionnaire des Institutions de la France*) s'est donc grandement trompé en fixant le droit de portage au 8e de la valeur. C'est par suite de telles erreurs que, même sans parti pris, on critique injustement l'ancien régime. Avec les explications et les chiffres que nous donnons ici, un esprit loyal reconnaîtra que la propriété foncière n'était pas alors plus grevée qu'elle ne l'est aujourd'hui. Les impôts ont changé de nom ; aucun d'eux n'a disparu en réalité.

(2) Voir l'acte de députation du Chapitre de Saint-Paul, le 7 août 1670 (MM. Gueston et Manis sont nommés à cet effet) ; — contrat de création d'une rente annuelle de 35 l. le 5 septembre 1670, ratifié par le chapitre, le 11 du même mois; enfin quittance du capital de 700 l., en date du 9 juin 1672. — Le cens annuel et perpétuel, qui portait tous ces droits seigneuriaux, n'était que de cinq sous forts, invariablement depuis l'origine de la féodalité.

doute choisir un jeune enfant qui serait libre de se rendre en pays étranger, de s'enrôler dans une armée, et dont le décès, souvent difficile à constater, devrait être prouvé par le monastère. Ne valait-il pas mieux, en tenant compte de la durée moyenne de la vie humaine, évaluer le milaod à une certaine somme payable à termes fixes et réguliers? En conséquence, les Directeurs proposaient de verser 5,000 l. tous les trente ans (1). Ce chiffre fut agréé par l'abbesse, mais avec cette double clause, que le Séminaire continuerait d'acquitter le cens annuel de deux sous forts et d'un barral de vin, à la saint Martin d'hiver (2), — et que, au décès de chacune des Religieuses de Saint-Pierre, un directeur irait dire une messe dans l'église du monastère, tandis que les autres prêtres du Séminaire offriraient le saint-sacrifice, dans leur chapelle, à la même intention.

Restait encore une difficulté à résoudre avec un locataire de la veuve Deschamps. C'était un protestant, nommé Hémery, qui fondait des canons pour la marine royale; il avait été autorisé par la propriétaire à faire, à ses frais, les travaux qu'il jugerait utiles pour l'aménagement de son usine. Quand le Séminaire fut devenu acquéreur de tous les immeubles, le sieur Hémery, pensant bien que son bail ne serait pas renouvelé, eut l'impudence de solliciter, et obtint du Conseil du Roi un arrêt qui le maintenait, pour cause d'utilité publique, en jouissance des lieux qu'il occupait, tant et si longtemps qu'il plairait à Sa Majesté. M. d'Hurtevent, de l'avis de Mgr l'Archevêque, se crut obligé de traiter avec ce locataire qui consentit, moyennant une indemnité de 2. 000 l., à sortir le 24 juin 1671.

(1) Plus tard, cette obligation fut commuée en une rente annuelle de 167 l. qui paraissait moins lourde aux économes du Séminaire.

(2) C'est par manière de dîme que le barral de vin était imposé, depuis plus de trois siècles, sur ce terrain qui avait été autrefois planté de vigne, comme on le voit dans toutes les reconnaissances faites au profit du monastère de Saint-Pierre, notamment en celle de Jean de la Duchière, 5 octobre 1373 : « *Johannes de Durchiá, filius Johannis de Durchiá.., item, vineam sitam versûs Rhodanum, tendendo à Griffolio versûs recluseriam Sti Irenœi, in ripâ Rhodani, juxtà vineám dominœ abbatissœ Sti. Petri.* » De la comparaison des différents aveux que nous avons lus il résulte que la recluserie, dont il est ici question, a porté indifféremment les noms de Saint-Clair et de Saint-Irénée, au moins jusqu'à la fin du XV° siècle. Le grand Docteur de Lyon avait donc été particulièrement honoré dans le quartier où les prêtres de Saint-Sulpice transférèrent le Séminaire Saint-Irénée.

C'était précisément l'emplacement de la fonderie que M. d'Hurtevent avait choisi pour construire la chapelle du Séminaire. Il
voulut, en effet, que l'on commençât par bâtir la maison de Dieu
avant d'en édifier une pour ses ministres. Le petit oratoire
domestique, où il disait chaque jour la sainte messe, ne lui avait
pas semblé digne de l'honneur de conserver la divine Eucharistie,
et, si sensible que lui fût cette privation, le pieux Supérieur
n'avait pas voulu solliciter l'autorisation nécessaire. Il avait hâte
de satisfaire enfin sa dévotion et d'offrir une demeure décente à
Notre-Seigneur, souverain Prêtre.

Comme les ressources dont on disposait alors n'étaient pas
considérables, on résolut de construire un édifice provisoire,
dont le gros œuvre (maçonnerie, charpente avec la tribune, et
toiture) coûta 4.972 l. Encore M. d'Hurtevent n'eut-il pas la
consolation de voir cet ouvrage terminé; mais, comme il avait
maintes fois exprimé le désir d'être inhumé dans la nouvelle
chapelle, le travail fut, après sa mort, conduit avec la même
vigueur, et ses restes précieux ne tardèrent pas à occuper dans le
sanctuaire la place qui leur était destinée.

En résumé, les premières dépenses s'élevèrent à la somme de
85.259 l. savoir:

— Prix d'achat............................... 45.500
— Lods à l'abbesse de Saint-Pierre............... 4.000
— Portages au sieur Ravat, notaire............... 1.000
— Indemnité au Chapitre de Saint-Paul et portages. 787
— Indemnité au sieur Hémery, fondeur........... 2.000
— Construction de la chapelle.................... 4.972

Observons encore, avec M. Maillard, que, dans ces 85.259 l.,
n'est pas comprise une valeur de plus de 9.500 l. en meubles
et ornements qui furent donnés par les Messieurs de Saint-Sulpice
ou par les amis de la maison. Les noms de ces amis généreux
nous ont été conservés soigneusement avec quelques traits de
leur physionomie : la reconnaissance nous fait un devoir de les
publier, et nous remplirons cette tâche avec bonheur.

CHAPITRE VIII

PREMIERS BIENFAITEURS ET AMIS DU SÉMINAIRE

L A place d'honneur, dans le tableau des bienfaiteurs du Séminaire St-Irénée, appartient à Mgr Camille de Neuville. L'illustre prélat s'était engagé, par l'acte de fondation que nous avons cité en son temps, à fournir une somme de 20,000 l. pour l'acquisition des fonds et bâtiments nécessaires. « Après l'achat de l'immeuble Deschamps, il exécuta sa promesse avec tant de générosité qu'il ajouta spontanément 5,000 l. de ses propres deniers. Dans le même temps, des circonstances providentielles lui permirent de donner au Séminaire une nouvelle preuve de sa bienveillance. Pour secourir l'île de Candie contre les Turcs, on avait quêté, dans le diocèse de Lyon, des sommes assez considérables, sur lesquelles 11,000 l. restaient encore entre les mains de l'archevêque, lorsqu'arriva la nouvelle de la victoire remportée par les Ottomans. Dès lors, on ne pouvait plus envoyer cet argent à sa destination première : il devait, selon l'intention présumée des donateurs, être consacré aux œuvres pies les plus utiles : il fut remis aux directeurs du Séminaire Saint-Irénée. Mais, par son testament, dont nous parlerons dans la suite, le généreux prélat montra plus clairement encore quelle place il avait donnée dans son cœur aux prêtres de Saint-Sulpice et à l'œuvre sainte dont il les avait chargés. »

Au nom de Mgr de Neuville, nous devons joindre aussitôt celui de « M. de Bretonvilliers, supérieur de Saint-Sulpice, qui donna 9,000 l. en une seule fois, et qui, avec ses confrères, continua ses largesses pour le paiement de l'immeuble, jusqu'à parfaire la somme de 22,259 l. qui manquait encore après les dons de l'archevêque de Lyon. Il avait aussi promis un secours très considérable pour le temps où l'on voudrait bâtir, et même toutes choses étaient préparées à cette fin. Mais la divine Providence en disposa autrement et le tira à soi par une mort imprévue, peu de jours avant celui qu'il avait fixé pour venir à Lyon jeter les fondements d'une maison dont il avait fait tracer le dessin. »

Nous avons déjà parlé de M. Antoine de Neuville, abbé de Saint-Just au diocèse de Beauvais, prieur de Firmini en Forez, frère et vicaire-général de l'archevêque de Lyon. « Il avait toujours eu beaucoup d'estime pour l'œuvre du Séminaire et beaucoup d'amitié pour ceux qui furent appelés à l'honneur de le fonder. Après avoir uni à notre maison le prieuré de Firmini, il promit encore de nous donner les livres de sa bibliothèque. Mais il fut prévenu par la maladie qui ne lui laissa ni la liberté ni le loisir de réaliser ce projet. Mgr l'archevêque lui donna l'assurance que ses dernières volontés seraient fidèlement accomplies ; et en effet, ayant obtenu du roi le don de sa succession, il eut la bonté d'exécuter ses sentiments en ce qu'il les put connaître, et principalement en ce qui regardait sa bibliothèque, dont il se réserva seulement quelques volumes qui manquaient à la sienne. »

M. l'abbé de Saint-Just mourut le 26 mars 1670, à l'âge de 75 ans. Son corps fut inhumé dans l'église des Carmélites, où était la sépulture des Villeroy, et son cœur remis aux directeurs du Séminaire, pour être plus tard déposé dans le sanctuaire de la chapelle, du côté de l'Evangile. Enfin, le dimanche 27 du mois suivant, M. Guisain, au nom de M. d'Hurtevent et de ses confrères, prit possession de tous les revenus du prieuré de Firminy.

Quoique la Révolution ait dépouillé le Séminaire Saint-Irénée de son ancienne bibliothèque et de la jouissance de ce bénéfice, les directeurs n'ont pas laissé de conserver précieusement le souvenir de ces bienfaits. Le nom des deux frères de Neuville est toujours en bénédiction parmi eux, et, pour citer un fait tout récent, au commencement de l'année dernière, M. le Supérieur, ayant eu l'heureuse fortune de rencontrer un portrait de l'abbé de Saint-Just, l'acheta avec un pieux empressement et le fit placer honorablement dans une des salles de la maison. C'est une peinture assez fine ; du premier coup d'œil on reconnaît les traits de famille des Villeroy ; un peu d'attention suffit pour remarquer un certain air de tendre piété, de bonté affectueuse et de douce tristesse qui devait être le fond de son caractère. Une inscription de l'époque nous apprend que cette toile fut peinte par les soins d'une communauté religieuse dont il avait été le fondateur.

Un autre ecclésiastique de qualité, « Jérôme Châlons, chamasier de la collégiale de Saint-Paul de Lyon, après avoir, durant sa vie, donné au Séminaire beaucoup de marques de son amitié, la prouva jusques à la mort, en léguant par son testament aux directeurs de Saint-Irénée tous les livres qui se trouveraient dans sa maison de Lyon, lors de son décès ; à la charge et condition que les sieurs du Séminaire diraient, tous les jours, pour le repos de son âme, à la fin de l'office de Matines et Laudes, un *De profundis* avec l'Oraison pour les prêtres défunts. La plupart des livres que reçut le Séminaire étaient des ouvrages de droit ou d'histoire, parce que sa collection des SS. Pères et des théologiens se trouvait alors en sa maison de campagne où il les avait fait porter pour y travailler.

« Messire Jean Noyel, prêtre, natif de Villefranche, lieutenant de l'officialité, avait reçu les premières teintures de l'esprit ecclésiastique au Séminaire de Saint-Sulpice. Il conserva toute sa vie beaucoup d'estime et d'affection pour ses anciens maîtres et en donna des marques très sensibles à ceux qui furent envoyés pour la conduite du Séminaire de Lyon. Ce fut un sentiment qu'il porta jusque dans les bras de la mort, où, n'ayant pas eu la liberté de faire un testament dans les formes ordinaires, à cause de la surprise et de la violence de sa maladie, il témoigna le regret de ne pouvoir exécuter ce qu'il avait projeté pour le bien du Séminaire. Mais son frère, receveur des tailles à Villefranche, sur la foi d'un petit billet qu'il trouva dans les papiers du défunt, eut la générosité de donner à notre maison toute sa bibliothèque, avec une somme de 800 l.

« Un bourgeois de Lyon, M. Croupet, fils d'un ancien lieutenant général du Forez, qui avait reçu quelques services du Séminaire, ne montra pas moins de reconnaissance. Il fit en sa faveur un legs de 2,000 l. La manière dont ses héritiers l'exécutèrent montra bien que le père avait su faire passer dans le cœur de tous ses enfants les sentiments qu'il nous avait si souvent témoignés.

« François Aubert, prêtre, un des custodes de l'église Sainte-Croix de Lyon, fit, en 1665, son testament par lequel, pour les raisons très saintes et pieuses qui y sont déduites, il donnait tous ses biens au Séminaire Saint-Irénée. Comme il avait une fortune de 7,000 à 8,000 l., au moment où il écrivit son testament, il crut faire à la maison un avantage digne de sa piété et de sa religion. Mais les grandes et longues maladies, dont il fut ensuite affligé, demandèrent beaucoup de remèdes : c'est pourquoi, lors de son décès, il se trouva si peu de bien que, n'était la reconnaissance due à sa bonne volonté, on eût abandonné la succession qui rapporta seulement quelques meubles de médiocre valeur.

« Mre Guillaume Courbon de la Faye, prêtre sociétaire de l'église paroissiale de Saint-Genest-de-Malifaux, l'un des premiers séminaristes de Saint-Irénée, mourut à Saint-Chamond, au mois de novembre 1669. Il avait fait, l'année précédente, un testament en faveur de M. d'Hurtevent qui hérita de tous ses biens, à la réserve de quelques legs particuliers. Toutes les charges acquittées, le Séminaire retira de la vente des immeubles et de ses rentes constituées une somme de 4,240 l., non compris une rente de 65 l., due par le sieur Argoux, châtelain de la Côte-Saint-André. A quoi il faut ajouter encore plusieurs ouvrages qui entrèrent dans la bibliothèque, un calice d'argent, une chasuble et quelques meubles sans valeur.

« Cette succession fut recueillie par les soins du sieur Antoine Gaillat, docteur-es-droits, enquêteur-commissaire-examinateur en la sénéchaussée et siège présidial de Lyon. Il voulut bien être, durant plusieurs années, l'homme d'affaires du Séminaire. C'est lui qui avait obtenu un bail de la veuve Deschamps et qui s'était chargé de faire exécuter dans les bâtiments de la Croix-Pâquet, les premiers travaux d'aménagement. Il se rendit donc à Saint-Genest-Malifaux, avec M. Sauveur Manis, pour veiller à la parfaite observation de toutes les clauses du testament. Son dévouement fut bientôt récompensé de Dieu par l'entrée en religion de son frère, qui, après une retraite faite au Séminaire, fut admis à la Chartreuse de Lyon. »

Le nom de M. Manis que nous venons de prononcer rappelle tout naturellement les sympathies si vives et si durables que les prêtres de Saint-Sulpice eurent le bonheur de rencontrer dans la collégiale de Saint-Paul comme sur le territoire d'Ainay. Maintenant encore, plus de deux siècles après la translation du Séminaire à la Croix-Pâquet, les prêtres zélés qui administrent ces deux paroisses importantes se plaisent, chaque année, avec une exquise délicatesse, à évoquer les bons souvenirs du passé et à donner aux continuateurs de l'œuvre des témoignages de bienveillance et d'estime qui s'adressent à la mémoire bénie de

M. d'Hurtevent. Pieuse et touchante coutume qui a pu survivre
à tous les bouleversements de la Révolution ! (1)

Cette première liste des bienfaiteurs du Séminaire se termine
par le nom de M. d'Hurtevent. Dans son testament, écrit à Paris,
le 22 juillet 1671, le pieux supérieur donna à sa chère maison de
Saint-Irénée tout son argent et ses meubles, ses reliques et reli-
quaires, ne laissant à sa famille qu'une portion d'héritage indivis.

A la lecture de ces pages simples et vraies, on sent que la
reconnaissance les a dictées avec la délicatesse dont elle a le
secret. Mais plus admirable encore est le silence que les compagnons de M. d'Hurtevent ont gardé sur le compte des personnes qui leur étaient moins favorables. C'est une loi de la divine
Providence que toute bonne œuvre, après d'humbles débuts, se
développe et grandit dans l'épreuve. Nous avions beau penser
que le fondateur du Séminaire Saint-Irénée avait lui aussi rencontré la contradiction ; dans les notes laissées par ses confrères
nous ne découvrions pas un mot, pas même une allusion discrète
qui nous révélât le nom et la qualité de leurs adversaires.

C'est donc par hasard que nous avons trouvé une pièce, d'ailleurs assez curieuse, qui a pour titre :

*Résultat de la visite faite chez MM. les prêtres de Saint-
Joseph, depuis le 28 février 1671, jusqu'au 28 mars, par
Mre Bedien Morange, vicaire général substitué.*

Et d'abord, il est bon de remarquer avec M. Morange que,
dans cette communauté qui avait ses statuts depuis une dizaine
d'années, « tout était encore très obscur et que le corps entier con-

(1) Dans une circonstance assez délicate, les prêtres de Saint-Sulpice
surent reconnaître la bienveillance avec laquelle ils avaient été accueillis,
à leur arrivée à Lyon, par M. Thomazet, curé de Saint-Michel-d'Ainay. Le
zèle de ce bon pasteur n'était peut-être pas exempt d'une certaine opiniâtreté.
Après avoir travaillé plus de quarante ans dans cette grande paroisse, il
souffrit avec peine que l'autorité diocésaine voulût supprimer son église,
toujours petite et délabrée, malgré des réparations coûteuses, et transférer
l'office paroissial dans la belle collégiale de Saint-Martin qui fut alors
sécularisée. Il épuisa tous les moyens de résistance et fit même dresser, au
Châtelet de Paris, un acte solennel de protestation (24 mars 1691). Néanmoins ce pauvre vieillard dut obéir. Il prit sa retraite dans un séminaire de
la Compagnie, à Clermont, dont le supérieur était alors M. Rigoley, qui,
après avoir été directeur au Séminaire Saint-Irénée, devait y retourner bientôt pour être le second successeur de M. d'Hurtevent. A peine M. Thomazet
fut-il arrivé à Clermont, qu'il y mourut, à l'âge de 75 ans. Son corps fut
inhumé dans le caveau des Directeurs. (Voir les registres de la paroisse
Saint-Bonnet, et, aux Arch. du Département du Rhône, le carton H de
Saint-Martin-d'Ainay O. S. B. arm. 1, vol. g.).

« sistait en M. Cochet, son directeur ; — puis, de recueillir cet
« aveu que dès lors les jeunes membres prenaient des opinions
« un peu trop sévères et lisaient trop des livres de Port-Royal. »

Or, non-seulement le visiteur passe sur un fait si grave, mais
on l'a si bien induit en erreur et séduit par les plus belles pro-
messes, qu'il termine son procès-verbal par les considérants les
plus étranges. Il représente à Mgr de Neuville :

« Que c'est un honneur et un avantage pour l'archevêque
« d'avoir en main une Société de 44 sujets, tous accomplis, qui
« lui sont liés par une étroite et très aveugle obéissance ;

« Qu'il est constamment obligé de maintenir en honneur et
« réputation lad' compagnie et de s'unir à elle plus parfaite-
« ment qu'à aucune autre ;

« Que les autres compagnies d'ecclésiastiques, comme celle de
« Saint-Lazare, ou celle du Séminaire Saint-Irénée, ne recon-
« naissent pas la juridiction de l'Ordinaire et refuseraient abso-
« lument sa visite, s'il voulait la faire ; et que, si l'on n'envoie
« pas des supérieurs accommodants en ces communautés, elles
« se rendront indépendantes ;

« Au lieu que la communauté de Saint-Joseph est la seule où
« Mgr ait une pleine et entière juridiction ; et que les mission-
« naires se sont soumis à tout ce que l'on a souhaité, comme des
« agneaux. »

Enfin il conclut que « du moins ce serait une grande consola-
« tion pour ces Messieurs qui ont toujours aimé, chéri et res-
« pecté Mgr l'archevêque, s'il daignait les caresser plus ouverte-
« ment et plus tendrement à présent. ».

L'expérience a bien montré si l'Église de Lyon a reçu de
grands services de cette congrégation diocésaine qui fut rarement obéissante, malgré ses protestations, et toujours favorable
au jansénisme. Nous tenons seulement, sans suspecter la bonne
foi du visiteur, à relever la persistance et la perfidie de cette
calomnie qui, dans un dessein facile à comprendre, représentait
le Séminaire comme un lieu exempt, et la Compagnie de
Saint-Sulpice comme une Société de réguliers.

Quoi qu'on ait pu faire alors pour dissiper ces préjugés dans
l'esprit de M. Morange, il se laissa encore circonvenir par les Oratoriens de Lyon et les favorisa même en plus d'une rencontre.

Mais, en supportant toutes ces oppositions avec patience et
charité, les Directeurs du Séminaire devaient mériter de nouvelles grâces pour continuer leur œuvre avec de nouveaux succès.

CHAPITRE IX

VERTUS DE M. D'HURTEVENT. — SES PRATIQUES DE RELIGION

IEN n'est plus propre à nous donner une juste idée de la vertu des saints que le récit de leurs pratiques journalières, de ces choses petites et peu éclatantes dont presque toute leur vie se compose et qui ne laissent pas d'être la source d'une éminente sainteté, à cause de l'excellence de l'esprit dont ils savent les animer. Le Sauveur, conversant sur la terre, faisait les mêmes actions que le commun des hommes ; mais le Saint-Esprit, qui agissait en lui, les sanctifiait et les divinisait : si ordinaires qu'elles fûssent en apparence, elles rendaient à Dieu plus d'honneur et de gloire que toutes les adorations des anges et des hommes. A son exemple, M. d'Hurtevent ennoblissait toutes ses occupations et toutes ses œuvres, relevait les plus basses, donnait du prix aux plus viles et de la valeur aux indifférentes : en un mot, il devenait un autre Jésus-Christ, en étudiant continuellement les sentiments de Notre-Seigneur, en se remplissant de ses dispositions adorables, en s'unissant intimement à son divin Esprit.

Or, ce divin Esprit, auteur de toute sainteté, quoique parfaitement un en lui-même, semble se diviser dans ses ineffables communications. Il opère toutes choses en tous les saints, mais les effets qu'il produit en eux sont si merveilleusement variés que chacun paraît avoir son esprit particulier. Celui de M. d'Hurtevent fut un esprit de religion.

En effet cette vertu, qui a pour objet spécial le culte de Dieu, lui semblait être plus nécessaire aux ecclésiastiques qu'aux religieux. Sans doute aux uns comme aux autres incombe l'obligation de représenter le peuple chrétien auprès de la souveraine Majesté de Dieu ; mais le prêtre, employé dans le ministère paroissial, doit encore, par la parole et par l'exemple, apprendre aux fidèles à porter eux-mêmes jusqu'au trône céleste le tribut personnel de leurs hommages et de leur adoration.

Notre-Seigneur, plein d'estime, d'amour et de respect pour son Père, brûlant du zèle de son honneur et de sa gloire, s'efforçant par tous les moyens de le faire connaître, aimer et servir, voilà bien le modèle du prêtre religieux. Telles étaient les dispositions que M. d'Hurtevent formait dans son âme et qu'il eût voulu faire partager à tous les ecclésiastiques, pour les animer de l'esprit de leur saint état.

Pénétré d'un profond respect pour l'infinie Majesté, il sentait si vivement sa présence qu'il ne pouvait la perdre de vue. Les « petits mots de Dieu, qui lui échappaient de temps en temps, « les mouvements de ses yeux, fidèles témoins des élancements de « son cœur, donnaient bien à connaître la force de cette appli- « cation, l'intimité de cette union. Il la conservait jusque dans « les divertissements qu'il consentait à prendre avec ses amis : « il ne faisait alors que se prêter et gardait une pensée de re- « tour vers le lieu de ses délices. » Même dans son sommeil, qui était d'ailleurs fort léger, M. d'Hurtevent ne perdait point cette habitude religieuse ; ses songes n'avaient d'autre objet que Dieu et les choses saintes : il ne rêvait qu'églises magnifiquement ornées, assemblées d'évêques et de prêtres, cérémonies du culte ; s'il murmurait alors quelques paroles, elles étaient toutes saintes et toutes amoureuses : en un mot, dans l'assoupissement de ses sens, son cœur veillait toujours pour Dieu. Suivant la parole de l'Apôtre, c'est encore à la pensée de la sainte présence de Dieu qu'il faut attribuer et cette grande modestie qui paraissait dans son extérieur et ce recueillement qui le tenait constamment prêt à parler, à toute heure du jour, le langage de la plus pure charité. En l'approchant, on se trouvait saisi d'une grande vénération pour sa personne et d'un vif désir de l'entendre ; alors, sa parole, toute brillante de lumières surnaturelles, toute enflammée des ardeurs célestes, semblait couler, avec une douceur ineffable, de cet Océan de sagesse et d'amour où son esprit et son cœur se plongeaient avec délices.

Dans l'oraison, mieux encore que dans tous les autres exer-

cices de piété, il avait coutume de s'anéantir devant Dieu. C'é-
tait sa première, souvent sa seule occupation. Parfois même, à
la vue des ses fautes et de l'infinie sainteté de son souverain Seigneur, il se sentait comme accablé de tristesse et de douleur. Mais
il reprenait confiance en se considérant comme le bien propre du
divin Sauveur, comme le fruit de ses souffrances et de ses travaux. Aussi avait-il coutume de renoncer à tout esprit propre
pour revêtir les saintes dispositions de Notre-Seigneur et agir
purement dans sa direction, sa force et sa vertu. Enfin il tenait
pour maxime que la meilleure manière de traiter avec Dieu
dans ce saint exercice, c'est d'aller à lui simplement, comme un
enfant à son père; sans quoi l'on ne saurait faire de progrès
sérieux dans le véritable amour.

A la manière dont il accepta ses différents emplois, remplit
ses fonctions et traita toutes les affaires qui lui furent confiées,
on comprit toujours qu'il n'avait aucun souci personnel de gloire,
d'éclat et de succès. Il travailla constamment sous le regard de
Dieu, comme un fidèle serviteur. Sa dépendance ne parut pas
moins entière dans ses souffrances. Si, durant les vingt-trois
dernières années de sa vie, on ne lui vit pas un seul jour de parfaite santé, jamais cependant on ne l'entendit se plaindre ni demander à Dieu sa guérison.

Plus admirable encore est la même disposition à l'égard des
dons de la grâce et de la gloire. Avec une parfaite pureté d'intention, M. d'Hurtevent ne voulait que servir le Divin Maître, à la
place qui lui serait assignée. « Dans la cour céleste, disait-il,
« comme en celle des grands de la terre, il y a différents degrés
« d'honneur et d'élévation. Tous ceux qui y sont admis ne peu-
« vent pas être des princes du sang, ni se mettre au rang des
« ducs et des pairs; il faut qu'il y ait des comtes et des marquis,
« de simples gentilshommes et des officiers inférieurs, qui, com-
« posant ensemble la maison du Roi, ne laissent pas de lui être
« agréables, chacun dans leur ordre et dans leur charge, en s'ac-
« quittant dignement de leurs emplois. »

Après la Majesté divine, M. d'Hurtevent portait ses respects
sur la personne de N.-S. J.-C. Il avait une profonde vénération
pour toutes les paroles et les actions du Sauveur, mais surtout
pour ses mystères, trésors incomparables de lumière et de grâce.

Particulièrement, les mystères de l'Incarnation et de la Passion,
mais davantage encore celui de la divine Eucharistie, étaient
l'objet de sa plus tendre dévotion. Sur cet auguste sacrement, il

avait des lumières admirables, qui brillaient dans ses paroles toutes de feu et dans son langage vraiment surhumain. Considérant l'immolation de l'auguste victime comme la perfection et l'accomplissement de tous les sacrifices de l'ancienne loi, sa grande joie était de voir la nature humaine non-seulement privée, en cette circonstance, des honneurs que la superstition lui avait autrefois rendus, mais anéantie en la personne du vrai Dieu, pour rendre un plus parfait hommage à la souveraine grandeur du Père.

« Pénétré de ces sentiments religieux, M. d'Hurtevent aurait « voulu les inspirer à tous les prêtres. On ne saurait [dire « combien il souffrait de l'indécence extérieure avec laquelle le « divin sacrifice est parfois offert : des églises et des autels sou- « vent mal ornés, et bien peu dignes de l'état de gloire dans le- « quel N.-S. y descend ; des vêtements sacerdotaux rompus et dé- « chirés, ou même composés de méchants débris qu'une vanité « délicate a jetés au rebut ; mais surtout, dans la personne du cé- « lébrant, des manières séculières et mondaines, sans aucun « souci des rubriques et des cérémonies, avec une dissipation « d'esprit, un égarement des yeux et une précipitation de la parole, « qui contristent les gens de bien, autorisent l'impiété des liber- « tins et fortifient les hérétiques dans leur incrédulité touchant « la présence de N.-S. sur nos autels. »

Une personne de très grande qualité ayant remis à M. d'Hurtevent une somme de mille écus pour être employée à distribuer des calices d'argent aux paroisses de la campagne qui n'en avaient que de plomb ou d'étain, il accepta cette commission avec une joie indicible et l'exécuta avec une satisfaction extraordinaire. Une autre personne, qui avait été sous sa conduite, ordonna, par son testament, de vendre, après sa mort, tous ses joyaux et d'en consacrer le prix, tant à procurer des calices et des ciboires d'argent aux églises de ses terres, qu'à fonder l'entretien des lampes qui devaient être allumées nuit et jour devant le Saint-Sacrement de l'autel. « O la belle dévotion, disait « M. d'Hurtevent en faisant lui-même ce récit, ô la sainte dispo- « sition, et le pieux emploi des instruments de la vanité du « siècle ! »

Il aimait encore à considérer J.-C. comme le grand religieux de Dieu qui prie sans cesse dans nos tabernacles et arrête, par le signe sacré de son immolation, la colère de son Père justement irrité contre les pécheurs. Dans la sainte communion, le divin

Médiateur trouve un moyen merveilleux d'étendre et de dilater son Incarnation: en s'unissant aux hommes, pour porter en eux ses sentiments de respect et d'amour, il en fait d'autres lui-même; ou plutôt de tous les hommes en lui et de lui en tous les hommes il ne fait qu'un seul et parfait adorateur de Dieu.

De si hautes et si pieuses pensées nourrissaient dans le cœur de M. d'Hurtevent une tendre et ardente dévotion, qui, rejaillissant sur tout son extérieur, lui donnait au saint autel la modestie d'un ange. Son action de grâces était longue et fervente. Quand ses maladies ne lui permettaient pas de célébrer la sainte messe, il ne manquait pas de communier, s'il en avait la liberté. Malgré ses infirmités habituelles, bien que son petit oratoire fût à deux pas seulement de sa chambre, il n'y allait jamais qu'en surplis et en bonnet carré, ou, à défaut de surplis, il prenait son manteau long et ses gants et s'ajustait avec autant de propreté et de modestie que lorsqu'il allait saluer Monseigneur l'Archevêque.

Le même esprit de religion inspirait à M. d'Hurtevent un respect universel pour la cour céleste et une vénération profonde pour les saints de tous les ordres et de tous les rangs. Il les considérait en effet comme des images de Dieu, comme des copies admirablement variées de la sainteté infinie de J.-C; c'est pourquoi les missions qu'ils avaient reçues de Dieu, ou les relations qu'ils avaient eues avec la personne de N.-S.étaient la règle et la mesure des honneurs qu'il leur rendait. Aussi donnait-il la première place à la très-sainte Vierge. Elle est bien le portrait le plus achevé de son divin Fils qui, ayant reçu d'elle une vie mortelle et périssable, l'a fait, à son tour, entrer en participation de sa vie divine, dans toute la plénitude dont une pure créature est capable. Le pieux supérieur avait donc un sentiment très-élevé des vertus et des mérites, de la grâce et de la gloire de cette divine Mère. Quand il parlait de la très-sainte Vierge, autant ses auditeurs étaient ravis et transportés d'admiration, autant il était lui-même confus et humilié d'avoir trop mal, à son gré, célébré les grandeurs de Marie. Nous avons dit déjà de quelles pratiques se composait le culte religieux que M. d'Hurtevent et sa communauté rendaient à l'auguste reine du clergé.

Il honorait Dieu dans ses anges, comme en ses images les plus vives et les plus semblables, par la nature, à sa divine Essence. Ils ont été les premiers adorateurs de sa Majesté, mais particulièrement S. Michel, qui fut le vengeur de la gloire de son Maître

et le capitaine de la milice céleste. M. d'Hurtevent aimait à re-
péter son cri de guerre, qui est aussi son nom « Quis ut Deus ? »
Plein de confiance en l'assistance de son saint Ange gardien, il
l'invoquait toujours au moment du danger et le remerciait après
l'épreuve. Avant d'aborder les personnes avec lesquelles il avait
à traiter quelque affaire de conséquence, il recourait à leurs bons
anges , en les priant de disposer leurs cœurs en faveur de la proposition qu'il voulait faire.

Les saints Apôtres tenaient dans son esprit un rang particulier
d'estime ; aussi ne pouvait-il souffrir le zèle excessif de ces pré-
dicateurs qui, faisant le panégyrique d'un simple confesseur, l'é-
galent et même le préfèrent à ceux que J.-C. a établis les pierres
fondamentales de son Eglise.

Pour célébrer plus dévotement les fêtes des Saints, il lisait
assidûment leurs Vies, dont il aimait à rapporter ce qu'il avait
remarqué de plus édifiant. Il eût cru profaner leurs images, en
les employant à orner sa chambre. Mais, avec un soin jaloux, il
cherchait à recueillir des reliques en grand nombre ; il les gardait
dans une armoire spéciale ; et, comme le S. Sacrement n'était pas
alors dans la Maison, il les saluait à genoux, toutes les fois qu'il
devait sortir. Il en portait aussi sur soi, dans une belle croix d'or,
constamment suspendue à son cou, la même qu'il légua à
M. Maillard. « Je suis confus, disait-il, d'être si pauvre avec de si
« grands trésors. Certes, l'esprit de ces bons saints vaut bien
« mieux que leurs os, et ils se tiendraient plus honorés de voir
« leurs vertus dans un cœur brûlant de charité que leurs reliques
« dans une croix d'or, si précieuse qu'elle soit. » Enfin, on l'a
vu souvent prier les ecclésiastiques qui sortaient du Séminaire
de rendre ses devoirs religieux aux reliques qui étaient en vénération dans leur contrée.

Quelquefois même, pour satisfaire sa dévotion, il entreprit
des pèlerinages qu'il sanctifia par toutes les pratiques de piété.
A la vue de chaque clocher, qu'il apercevait dans la campagne,
il saluait N.-S. présent sous l'humble toit, et récitait avec ses
compagnons de voyage quelques strophes en l'honneur du
S. Sacrement. Parvenu à l'endroit où l'on devait dîner ou cou-
cher, il allait incontinent à l'église présenter ses hommages à
N.-S. ; si elle était fermée, il s'agenouillait à la porte, sans
permettre qu'on priât le curé ou le sacristain de venir l'ouvrir,
parce qu'il ne voulait être à charge à personne. Quand il ne
pouvait absolument se rendre à l'église, il se mettait à genoux

en entrant dans la chambre qui lui était donnée, et, après y avoir adoré Dieu, souverain maître de toutes les demeures, il lui demandait la grâce d'édifier en cette maison par sa conduite et de porter en tous lieux la bonne odeur de J. C.

Loin d'être un sujet de dissipation, les pèlerinages ainsi accomplis ne pouvaient qu'accroître sa dévotion. La curiosité, même la plus légitime, et l'empressement naturel en étaient soigneusement bannis. On le vit bien dans une visite qu'il fit avec M. Maillard au tombeau de S. Claude. Les religieux de l'abbaye qui a possédé ce précieux trésor jusqu'à la Révolution savaient tout le bien que M. d'Hurtevent faisait à Lyon. Ils le prièrent instamment de leur donner quelques entretiens spirituels. L'homme de Dieu, qui avait pour règle de ne rien refuser, se rendit à leurs désirs. A leur tour, plein de reconnaissance pour ce petit service et d'estime pour sa personne, les bons religieux voulurent lui offrir une faveur signalée. Aux pèlerins qui venaient en nombre prodigieux, ils permettaient habituellement de baiser les pieds du saint ; ils proposèrent à M. d'Hurtevent de lui montrer le corps entier, durant la nuit. Tentation bien délicate pour une dévotion moins détachée que la sienne ; mais le saint prêtre qui avait fait du bien aux religieux par sa prédication les édifia davantage par sa conduite. Il les remercia très-affectueusement et les pria de trouver bon qu'il n'usât pas de cette grâce dont il se reconnaissait indigne et de ce privilège qui, dans la suite, pourrait ouvrir la voie à de nombreux abus.

M. d'Hurtevent n'avait pas un moindre respect pour la parole de Dieu. Il la vénérait dans les saints Livres où la divine Bonté nous l'a laissée pour notre consolation. Sa Bible avait un rang distingué entre tous ses livres ; il la traitait toujours avec certains égards et rendait même un honneur analogue aux commentaires de la Sainte-Ecriture et aux ouvrages des SS. Pères. Il portait habituellement sur soi le Nouveau Testament et en lisait tous les jours un chapitre, à genoux, tête nue, plutôt par dévotion que par étude, comme cela se pratiquait à St-Sulpice et comme il l'enseignait lui-même aux Séminaristes. Jamais il ne se servait des termes de la Sainte-Ecriture dans les discours indifférents, ni dans la conversation ordinaire, bien moins encore pour donner de la pointe à quelque trait d'esprit. « Ceux qui commettent cette profanation, disait-il, reçoivent aussitôt le châtiment « de leur faute: ils n'ont plus aucune ouverture pour l'intel- « ligence de cette sainte parole ; ils la lisent sans goût, l'enten-

« dent sans fruit, la prêchent sans onction ni succès. Ce divin
« livre est scellé pour eux, et, quoiqu'ils aient grâce d'état pour
« l'ouvrir, ils ne savent pas comprendre. C'est une manne qui
« leur est insipide, un pain auquel Dieu retire la vertu de les
« nourrir. »

Au contraire, on vit souvent le pieux Supérieur sensiblement
touché par cette sainte parole jusqu'à en verser des larmes de tendresse, au milieu du repas, quand il l'entendait lire à table. Enfin,
ajoute M. Maillard, « j'ai trouvé dans ses papiers quelques
fragments des pensées et des sentiments qu'il avait reçus
« de Dieu sur les psaumes, sur le prophète Isaïe, les Evangiles,
« particulièrement celui de S. Jean, et sur quelques versets
« des Epitres de S. Paul : je n'ai jamais rien vu de si beau ni
« de si saint. »

Nous avons dit avec quel respect religieux M. d'Hurtevent
traitait ses supérieurs, tous les ecclésiastiques revêtus du caractère
sacerdotal et toutes les personnes consacrées à Dieu.

Sa vénération s'étendait à tout ce qui avait reçu quelque
bénédiction de l'Eglise : aux cendres bénites et aux rameaux
bénits qu'il conservait dans sa chambre, durant toute l'année ;
au pain bénit qu'il recevait volontiers, avec des témoignages de
joie et de piété, et qu'il mangeait avant toute autre nourriture ,
à l'eau bénite, qu'il se mettait au front avec beaucoup de religion ; il avait même soin, avant de partir en voyage, d'en
prendre dans une petite boîte d'argent, parce qu'il craignait de
n'en pas trouver dans les hôtelleries. S'il apercevait à terre, dans
sa chambre ou ailleurs, quelques grains de chapelet, une petite
image gâtée, une médaille rompue ou autres choses de ce genre,
il s'empressait de les ramasser pour les jeter au feu. Il était même
attentif à brûler pareillement les cachets de cire des lettres qu'il
recevait, quand ils portaient l'empreinte d'un emblème dévot.

Enfin, il s'était rendu extrêmement fidèle à offrir à Dieu,
comme à son souverain Maître, la dîme et les prémices de toutes
choses. Quand il recevait quelque argent de ses petits revenus,
il en séparait d'abord une certaine partie, un écu par exemple,
une pistole et quelquefois davantage, pour être donnée aux
pauvres, en disant : « voilà la part du bon Dieu. » Lui donnait
on une soutane, un chapeau, un manteau ou tout autre vêtement neuf, il attendait deux ou trois jours avant de s'en servir,
pour reconnaître que nous devons à Notre-Seigneur les prémices de l'usage même de nos biens. Dans le temps des fruits

nouveaux, il s'en privait la première fois qu'on lui en présentait, à moins que la charité ou la prudence ne lui fissent un devoir d'en user autrement. « C'est que, disait-il, si la grâce du « premier homme, dans l'état d'innocence, fut d'aller à Dieu par « la jouissance des choses créées, celle de ses enfants, dans l'état « de pénitence, est de renoncer au plaisir. »

Ses repas étaient aussi sanctifiés par l'esprit de religion. Il prenait d'abord un morceau de pain sec, pour honorer la matière du plus auguste de nos sacrements. Ordinairement il ne touchait à aucun mets qu'il n'en eût séparé la portion la plus appétissante, dont il se privait afin d'offrir un sacrifice de gratitude à la bonté de Dieu qui a produit tant de créatures pour le service et la nourriture de l'homme.

Lorsqu'il composait un discours ou qu'il écrivait une lettre, si on lui faisait remarquer un mot impropre ou une répétition inutile : « C'est vrai, disait-il, mais il ne faut pas corriger cette « faute : il n'appartient qu'à Dieu d'être parfait dans ses œuvres « et nous devons nous réjouir de voir ces petits manquements « qui se glissent dans les nôtres et qui rendent hommage à la « souveraine et infinie perfection de Dieu. »

Une si grande fidélité en de si petites choses paraîtra sans doute merveilleuse : elle suppose une vertu héroïque, emportant avec soi le crucifiement de l'homme tout entier. Nous ne sommes donc pas surpris d'entendre M. Maillard, qui avait sans cesse les yeux fixés sur M. d'Hurtevent, nous déclarer qu'il n'a rien remarqué de plus admirable dans toute la conduite de son Supérieur. « Quel spectacle édifiant de voir qu'un homme « d'un si grand esprit et d'un si beau talent, élevé dans les voies « les plus sublimes de la grâce et toujours appliqué à des em- « plois très importants, fût néanmoins si attentif à ne négliger « aucune occasion d'offrir à Dieu les hommages de sa profonde « religion ! »

CHAPITRE X

A vertu qui paraît la plus éminente aux yeux des hommes est cependant capable de s'élever plus haut, par la voie de la souffrance, avec l'aide de la grâce. Quand Dieu a des vues particulières sur une âme d'élite, il se plaît à la faire passer par des épreuves qui nous semblent vraiment cruelles. En même temps qu'il lui inspire un profond dégoût de toutes les choses terrestres au milieu desquelles il la retient captive, il lui retire les consolations de la vie spirituelle. Privée de tout appui sensible, au sein des plus affreuses ténèbres, sans perdre courage, elle cherche son Dieu, elle l'appelle à grands cris, elle implore sa miséricorde, elle achève de se purifier dans l'ardeur même des désirs qui la consument.

Telle fut la conduite de la divine Providence à l'égard de M. d'Hurtevent. Tandis que tout le monde admirait les bénédictions que Dieu répandait sur ses travaux, le bon supérieur commençait à éprouver de plus vives répugnances pour la charge qu'il remplissait avec autant de zèle que d'humilité. A peine eut-il installé le Séminaire à la Croix-Pâquet qu'il voulut se démettre du supériorat. Loin de songer à prendre quelque repos, il exprimait le désir de travailler encore au Séminaire Saint-Irénée jusqu'à la dernière heure de sa vie. Et quand M. Maillard, avec sa franchise habituelle, lui demandait pourquoi donc cette dignité, qui le distinguait à peine des autres directeurs, lui causait tant d'aversion : « — Hélas ! répondait M. d'Hurtevent, toute grandeur et toute élévation est directement opposée à Dieu qui seul doit être grand. Dès qu'un homme est le premier en quelque rang, il a sujet de trembler, parce qu'il ne ressemble pas à Notre-Seigneur Jésus-Christ qui s'est fait le dernier des hommes. L'honneur n'est dû qu'à Dieu et Sa Majesté en est si jalouse qu'elle a juré de ne le donner jamais à personne. Si donc le Souverain Maître établit des supérieurs, c'est pour recevoir par eux la gloire qui lui appartient; ils sont obligés de se regarder, en cette place, comme les receveurs de ses droits, mais des receveurs comptables de tout ce que doivent les inférieurs. Or, pour les percepteurs des rois de la terre, le détournement des deniers est un crime capital, parce que c'est un larcin fait au prince. Quel sera donc le jugement de Dieu sur les supérieurs qui s'approprient ses droits divins! *Judicium durissimum his qui præsunt fiet.* »

Mais ce qui ajoutait encore aux frayeurs de M. d'Hurtevent, c'est que les supérieurs n'ont personne qui veille sur leur conduite et qui prenne la liberté de les avertir de leurs défauts. « — Et vous-même, disait-il à M. Maillard, où est, je ne dis pas la plus importante correction que vous m'ayez faite, mais le premier avis charitable que vous m'ayez jamais donné depuis que nous vivons ensemble avec tant d'amitié? Voilà bien la grande malédiction qui pèse sur toute supériorité et qui doit me faire trembler pour mon salut. »

Cependant, sans diminuer la tâche de son fidèle serviteur, le divin Maître voulut lui imposer de nouvelles épreuves. Les peines d'esprit que M. d'Hurtevent souffrit alors, les désolations presque continuelles qui affligèrent son cœur, ne se peuvent décrire. Il lui semblait toujours que cette lutte intérieure allait consumer le reste de son énergie et le réduire à la dernière extrémité. Mais, au milieu même de ces angoisses, en s'inclinant sous la main de Dieu, il disait avec une joie douce et résignée : « — Si le bon Maître voulait un peu faire la paix avec moi, il me ferait grand plaisir; néanmoins *Dominus est; quod bonum est in oculis ejus faciat.* » Et quand un jour M. Maillard lui découvrit quelques peines à peu près semblables dont il se trouvait aussi affligé : « — O mon cher ami, lui répondit-il, quelle obligation n'avons-nous pas à la bonté infinie de Dieu, qui en use ainsi à notre égard, pour nous rendre semblables à Notre-Seigneur Jésus-Christ! Eh! sans cela, que souffrons-nous ici ? Nous n'avons ni terres, ni vignes sujettes à la grêle ou à la tempête; nous ne craignons ni taxes, ni suppression de charge, ni retranchement de gages : *in labore hominum non sumus et cum hominibus non flagellamur.* Au contraire nous sommes dans une terre qui coule le lait et le miel ; tout le monde nous applaudit ; et, si nous n'avions ces petites peines intérieures, comment pourrions-nous satisfaire à la justice de Dieu pour nos péchés et mériter la grâce de travailler utilement à cette œuvre si sainte qui nous a été confiée ? N'est-ce pas acheter les choses à bon marché et se sauver pour rien, selon la parole du prophète : *pro nihilo salvos facies illos ?* En vérité, si l'on pouvait avoir de la confusion dans le ciel, je crois que la nôtre serait grande de nous voir couronnés de gloire, en compagnie de ceux qui n'y sont arrivés que par le feu, le fer et le sang. Néanmoins, cher ami, si nous honorons ces petites croix, si nous les enchâssons, toute paille qu'elles sont, dans l'or pur d'une ardente charité, nous recevrons la récompense qui nous a été promise. »

Malgré cette admirable résignation, les souffrances de son âme devaient donner à son organisme déjà bien affaibli un contre-coup douloureux. Dès lors les accès de la fièvre qui le travaillait redoublèrent de violence. Il sentait tour à tour, dans ses membres, une chaleur âcre et dévorante ou les défaillances et l'accablement de la prostration. Réduit à cet état de langueur, il se tenait au pied de la croix, contemplant avec amour notre divin Sauveur, vénérant toutes les plaies de son corps sacré, mais surtout adorant ses dispositions intérieures dans le délaissement sensible qu'il éprouva au jardin de l'agonie et sur le Calvaire.

Pendant les trois années que dura ce martyre continuel, la divine Providence ménagea pourtant à M. d'Hurtevent quelques consolations. Il eut d'abord, au mois d'août 1670, le bonheur de recevoir la visite de M. de Bretonvilliers. De Dijon, où il venait de terminer avec succès une affaire très importante, le supérieur de Saint-Sulpice eut la pensée de se rendre à Lyon pour visiter le séminaire Saint-Irénée. Quelle joie pour M. d'Hurtevent de revoir celui qu'il vénérait comme son père ! Avec quelle satisfaction il lui montra les nouveaux bâtiments achetés depuis un mois à peine et le bel emplacement qui permettrait d'élever une construction vraiment digne de ses libéralités princières ! Dès qu'elles eurent remercié ensemble la divine Providence qui avait répandu tant de bénédictions sur l'œuvre du Séminaire, ces deux saintes âmes s'entretinrent des moyens qui pouvaient les faire avancer dans l'amour de Dieu. Avec la simplicité d'un enfant, M. d'Hurtevent ouvrit son cœur à son supérieur, proposa ses doutes, confia toutes ses peines, et reçut pieusement les avis et les encouragements qui lui furent donnés. A son tour, M. de

Bretonvilliers le consulta sur un projet qu'il eut alors la pensée de réaliser. Comme M. Olier avait reçu de grandes grâces dans le sanctuaire de Lorette, l'héritier de sa charge et de sa dévotion envers la très sainte Vierge nourrissait depuis longtemps le dessein d'entreprendre ce pieux pèlerinage. Les circonstances lui paraissant favorables, il ne voulut pourtant rien décider sans demander conseil à M. d'Hurtevent. Or, l'humble supérieur de Saint-Irénée, qui redoutait pour la santé délicate de M. de Bretonvilliers les fatigues d'un long voyage, ne se crut pas en état de répondre et ne songea qu'aux moyens de s'en dispenser avec douceur et honnêteté. Ce silence de M. d'Hurtevent fut, aux yeux de M. de Bretonvilliers, une preuve que Dieu n'agréait pas son dessein pour le moment. Sans hésiter, avec une parfaite tranquillité d'esprit, malgré la vivacité de ses pieux désirs, le supérieur de Saint-Sulpice fit ce sacrifice au nom de l'obéissance.

L'année suivante, vers la fin de juin (1671), M. d'Hurtevent partit pour Paris, avec M. Guizain, sans doute afin d'assister à l'assemblée générale qui se tint alors. Nous ignorons quelle part le supérieur de Saint-Irénée prit à ces importantes réunions. Pour lui, il goûta de bien douces consolations, en revoyant les lieux bénis où son vénéré Père, M. Olier, l'avait initié aux vertus sacerdotales. Trente ans s'étaient écoulés depuis son entrée à Vaugirard, et l'humble maison d'alors était devenue une grande communauté. Le jeune séminariste allait parvenir au terme de sa laborieuse carrière. Il en eut le pressentiment, et, avant de dire un dernier adieu à ses parents et à ses confrères de Paris, il fit son testament, à Saint-Sulpice, le 22 juillet, et le remit à M. de Bretonvilliers, au moment où ce digne supérieur partait pour l'Italie.

Car cette fois le pèlerinage de Lorette avait l'approbation de M. Tronson et de tous ses confrères. Après neuf jours de marche, M. de Bretonvilliers parvint à Lyon. Il y passa deux journées entières. Suivant son habitude en pareil cas, la matinée fut consacrée à la visite des sanctuaires de la sainte Vierge, et la soirée aux établissements de bienfaisance. Il dit en effet la sainte messe à la chapelle des Célestins et au sanctuaire de N.-D. de Fourvière, où, prolongeant son oraison durant plusieurs heures, il reçut une grâce signalée de l'auguste reine du clergé. A l'Hôtel-Dieu et à l'hospice de la Charité, il prit soin de s'informer de la conduite et de l'ordre qu'on tenait dans ces maisons, et il y laissa des témoignages de sa générosité.

Après avoir reçu les derniers adieux de ce tendre père, M. d'Hurtevent voulut encore, malgré l'épuisement de ses forces et le délabrement de sa santé, aider ses confrères dans les deux retraites pastorales qui se donnaient en cette saison. « Il put à grand peine parler chaque jour une demi-heure ; mais telle était la grâce et l'onction de sa voix défaillante, que Messieurs les curés l'écoutaient avec un intérê plus vif et plus tendre que jamais. Tous admiraient l'extrême charité qu'il leur témoignait dans un état où tant d'autres n'eussent songé qu'à eux-mêmes. Aussi, lorsque la cloche sonnait la fin de cet exercice, il se produisait un léger murmure que ces messieurs ne pouvaient retenir, comme pour se plaindre de ne plus entendre sa parole bénie. Et en même temps ils exprimaient assez, par divers mouvements des yeux, de la tête ou des épaules, la compassion et la douleur qu'ils ressentaient de le voir accablé de la sorte, et de se sentir eux-mêmes menacés de le perdre. »

Ce furent les derniers efforts de sa charité. Dès lors, sans paraître plus fatigué que l'année précédente, il eut le pressentiment de sa mort prochaine. Non content de s'arrêter à cette pensée, quand elle se présentait à son esprit, il prenait plaisir à se la rappeler souvent, à l'aide d'une petite image qu'il avait mise dans tous ses livres de piété. Maintes fois, à sa chambre, il récitait un psaume ou même chantait un répons de l'office des Morts. En lisant le verset : *sub te sternetur tinea et operimentum tuum erunt vermes*, il était heureux de penser que son corps serait détruit par les vers et que cette destruction serait comme un holocauste offert à la sainteté de Dieu. Et, lorsque ses confrères, tremblant à l'idée de le perdre, essayaient de le détourner de cette occupation, il leur répondait que c'était désormais son unique partage, *solum mihi superest sepulchrum*, et prenait de là occasion de leur faire ses dernières recommandations. Par-dessus tout il priait M. Maillard de vouloir bien, quand il l'assisterait dans son agonie, l'exciter souvent à la confiance en Dieu par N.-S. J.-C.

Enfin, deux jours avant de s'aliter, il cessa de donner ses conseils à plusieurs personnes du dehors qui venaient encore le consulter. Ce fut le 14 novembre que la maladie se déclara subitement. Le matin, en entrant dans la chambre de M. d'Hurtevent, M. Maillard le trouva assis sur son lit, les mains jointes et les yeux levés au ciel. Le bon supérieur venait d'être frappé d'apoplexie. Malgré la souffrance, il demeurait dans cette pieuse attitude, disant et répétant toujours : « — Mon Dieu, oui, mon Dieu ! » Durant les quatre jours et les quatre nuits qui suivirent, il souffrit de battements et d'élancements très violents à la tête. Mais la douleur ne put lui arracher d'autre cri. L'accent de sa voix était alors si tendre et si plaintif tout ensemble, que les assistants admiraient son parfait abandon, mais se sentaient le cœur percé de compassion.

Après cette longue crise, la souffrance fut un peu moins vive. Pendant plus de quarante jours que dura encore sa maladie, on ne l'entendit jamais se plaindre ni de ses douleurs ni des remèdes amers et cuisants qu'on lui présentait. Mais plutôt attentif à regarder en tous ceux qui le servaient la charité infinie de Dieu, il louait et bénissait de tout son cœur Celui qui daigne « remuer le lit du malade et pourvoir aux besoins de l'indigent. » Tous les petits soulagements qu'on lui offrait, il les acceptait comme de la main de N.-S. ; mais il avait également soin de ne les point demander.

Toutes les fois que M. d'Hurtevent avait quelque liberté d'esprit, au milieu de ses souffrances, on le voyait tout occupé de Dieu. En vain M. Maillard essayait-il de le distraire un peu de ces graves pensées. Le pieux supérieur avait complètement oublié le monde présent ; jamais il ne parlait des personnes et des choses qui lui étaient les plus chères, ni de Mgr l'Archevêque de Lyon, ni de ses bien-aimés confrères, ni des séminaires de Saint-Sulpice et de Saint-Irénée, encore moins de sa famille et de ses affaires domestiques. Les yeux habituellement fermés, il demeurait étranger et comme insensible à toute conversation profane ; mais lui adressait-on une parole de piété, il sortait aussitôt de son assoupissement pour exprimer par quelque signe extérieur sa joie et sa reconnaissance. Un jour son médecin, grand ami de la maison, lui demandant à quoi donc il pensait dans ce silence perpétuel, M. d'Hurtevent répondit : « — Je ne songe qu'à bien mourir. » M. Maillard lui-même, qui désirait un dernier mot de consolation et d'édification, ne put obtenir de son saint ami qu'un regard plein de tendresse et de compassion qui lui montrait le ciel comme le lieu où ils seraient unis à tout jamais.

Dans les premières semaines de la maladie, M. d'Hurtevent avait reçu tous les jours la sainte communion. Quand son extrême faiblesse l'obligea de renoncer à cette précieuse faveur, ce fut pour lui une privation d'autant plus sensible que ses peines intérieures ne cessaient pas de le tourmenter. Comme il l'avait demandé lui-même, on lui rappelait souvent les motifs de confiance en Dieu et particulièrement la surabondance des mérites infinis de Notre-Seigneur Jésus-Christ qu'il offrait à la justice du Père, en disant avec grande piété : *Respice in faciem Christi tui.*

Cependant ses forces déclinaient toujours. On lui proposa le sacrement de l'Extrême-Onction; loin de paraître étonné ou effrayé, il en témoigna le plus vif désir. Les dispositions avec lesquelles il le reçut furent sans doute bien agréables à Notre-Seigneur; car dès lors le calme et la paix succédèrent dans son âme au trouble et à l'agitation.

Après la fête de Noël, les assoupissements devenant plus fréquents et plus profonds, on craignait une nouvelle attaque d'apoplexie. Le 3o décembre, vers sept heures du matin, M. Maillard, étant venu voir le malade, le trouva plus faible que les jours précédents, mais les yeux tout ouverts. Considérant cette circonstance comme une occasion que le bon Dieu lui ménageait pour disposer son cher confrère à une sainte mort, sans dire aucune parole inutile, il s'empressa de lui suggérer des actes de foi, de contrition, de confiance et d'amour ; et M. d'Hurtevent les produisait avec une singulière ferveur. C'est ainsi que, tout doucement, sans agonie, sans crise ni secousse, il rendit sa belle âme à Dieu, le 3o décembre 1671, à l'âge de 48 ans.

Dans le cours de sa maladie, Mgr de Neuville avait daigné le visiter souvent et lui prodiguer les marques les plus touchantes de sa paternelle affection. Beaucoup d'ecclésiastiques étaient venus, tous les jours, prendre de ses nouvelles. Aussitôt qu'on eut appris sa mort, chacun voulut avoir la consolation de vénérer ses restes et sollicita la faveur d'emporter un souvenir. Les plus petits objets dont M. d'Hurtevent s'était servi semblaient n'avoir pas de prix. Il fallut tout donner jusqu'au petit habit de serge grise qu'il portait sous sa soutane, avec la corde dont il se ceignait les reins, comme les tertiaires de Saint François.

Sur sa tombe on grava cette épitaphe d'une belle simplicité :

D. O. M.

Hic jacet Damianus Hurtevent, sacerdos Seminarii Sancti-Sulpitii parisiensis, primus Superior Seminarii Lugdunensis, cui præfuit annis XII, in quo et obiit XXX decembris, anno Dni MDCLXXI, ætatis suæ XLVIII. (1)

----

(1) Ci-gît Damien Hurtevent, prêtre du Séminaire de Saint-Sulpice de Paris, premier supérieur du Séminaire de Lyon qu'il a gouverné pendant 12 ans et dans lequel il est mort le 3o décembre, l'année du Seigneur 1671, de son âge la 48e.

Ces douze années qu'il avait employées si généreusement à la sanctification du clergé de Lyon étaient un titre suffisant pour faire vivre sa mémoire dans les cœurs. Néanmoins on voulut conserver une image de ses traits, une ressemblance de cette face angélique qu'on avait vue si souvent toute enflammée de saintes ardeurs. Au-dessous de la gravure, M. Démia fit mettre ces paroles : « Damien Hurtevent, prêtre, premier supérieur du Séminaire Saint-Irénée de Lyon, où il a présidé douze années, avec une prudence et un fruit admirables ; décédé le 30 décembre 1671, âgé de 48 ans, regretté de tout le clergé du diocèse qui lui a d'immortelles obligations. »

Un historien contemporain lui décernait le même éloge : « M. d'Hurtevent a changé la face du diocèse de Lyon en très peu de temps. Il a été regretté du peuple et du clergé qui le regarde avec raison comme son réformateur, son modèle et son père. » Guichenon l'appelle aussi « un prêtre éclairé, prudent et zélé. » Un autre auteur anonyme louait « sa charité et sa douceur qui ont laissé sa mémoire en bénédiction dans tout le diocèse. » De même le Père Hilarion de Nolay, historien du tiers-ordre de Saint François, rend un beau témoignage à la vertu de M. d'Hurtevent : « Il fut le digne héritier de l'esprit de M. Olier. Sa piété et son zèle seront en perpétuelle bénédiction dans le diocèse de Lyon. Ce grand homme a gouverné le Séminaire Saint-Irénée avec une piété si exemplaire qu'il a fait dans ce grand archevêché ce que son digne maître a fait à Saint-Sulpice. » Enfin, peu de temps après, Mgr de Neuville se plaisait à rappeler, dans un acte public « les bons services que M. d'Hurtevent avait rendus tant au clergé qu'au diocèse de Lyon. ».

Qu'il nous soit donc permis, en terminant cette notice, de répéter ici la belle prière que M. Maillard adressait à Dieu, après la mort de son saint ami :

O Dieu, nous vous adorons et remercions très humblement d'avoir donné à votre Eglise, à votre saint clergé et au diocèse de Lyon ce serviteur fidèle et religieux. Nous nous conjouissons avec votre divine Majesté de l'honneur qu'il vous a procuré sur la terre et de la gloire qu'il vous rend aujourd'hui dans le ciel. O mon Seigneur et mon Dieu, donnez-nous quelque part à cet esprit de religion qu'il possédait en si grande abondance, communiquez-le au clergé de ce diocèse pour lequel il a travaillé avec tant de zèle et d'amour ; animez-en tout ce corps sacré. Que le baume de cette belle vertu de religion, tombant sur la tête de notre illustre Prélat, se répande de là sur ses vêtements et descende jusqu'aux franges et aux extrémités de sa robe.

Qu'il se conserve dans les Séminaires ecclésiastiques, où doivent être élevés les jeunes Daniel, les plus beaux et les mieux faits des enfants de Juda, destinés à entrer un jour dans le palais du Roi des rois, à composer sa cour et à remplir les ministères les plus importants de son royaume. Que ces pieuses maisons soient comme des cités saintes, où l'on vénère constamment l'Arche de Dieu, où l'on ne parle que de cérémonies, de victimes et de sacrifices. Mais surtout, Seigneur, puisqu'il a plû à votre divine sagesse de nous enlever notre guide au milieu de sa carrière, veuillez donner pour toujours sa grâce et son esprit au Séminaire de Saint-Sulpice qui fut le berceau de sa vie sacerdotale et au Séminaire Saint-Irénée qui possède ses cendres vénérées.

CHAPITRE XI

Appendice : Les premiers Sulpiciens lyonnais

vant la mort de M. d'Hurtevent, le diocèse de Lyon avait déjà rendu à la Compagnie de Saint-Sulpice autant de sujets que M. de Bretonvilliers en avait donné pour la fondation du Séminaire Saint-Irénée. Les premiers Lyonnais, qui entrèrent dans la petite société fondée par M. Olier, sont MM. de la Barmondière, Bourbon, du Tour et Masson. Nous reproduirons avec bonheur quelques traits de leur vie édifiante.

I. — Claude Bottu de la Barmondière naquit à Villefranche, en 1631, d'une famille également distinguée par la noblesse et par la vertu. Elevé dans la crainte de Dieu, il répondit parfaitement aux soins de ses parents et annonça de bonne heure les plus heureuses dispositions pour la science et pour la piété. Ses premières études terminées, il se rendit à Paris, pour y suivre les cours de philosophie et de théologie, et entra au Séminaire de Saint-Sulpice, le 7 avril 1655. Après avoir couru avec grand succès la carrière de la licence, il prit le bonnet de Docteur. Lors des premières tentatives gallicanes qui se produisirent à Paris, dans le sein de la Faculté de théologie, en 1663, M. de la Barmondière se montra très-romain, ainsi que les autres Docteurs de Saint-Sulpice, MM. de Poussé, Leblanc et Leblond. Il mérita même d'être signalé à Colbert par son espion, en ces termes : « M. de la Barmondière, jeune homme d'environ 30 ans, demeure à Saint-Sulpice et fait profession de ce zèle ardent qui anime cette vertueuse Communauté (1). » L'année suivante, M. de

(1) *Recherches historiques sur l'Assemblée de 1682*, par Ch. Gérin, deuxième édition. Appendice. Blason des docteurs qui ont mal (ou plutôt bien) agi, p. 523.

Bretonvilliers l'admit dans la Compagnie et le chargea d'enseigner le dogme à Paris, à la place de M. Leblanc, qui fut alors envoyé au Puy. Dans cet emploi, grâce à la pénétration et à la solidité remarquables de son esprit, M. de la Barmondière devint, en peu d'années, très-savant en théologie scolastique, positive et morale. Sa ferveur n'était pas moins estimée des séminaristes qui le regardaient comme un de leurs directeurs les plus accomplis. Aussi bon aux autres que sévère pour lui-même, il couchait habituellement sur la dure, et une pierre lui servait de chevet. Il jeûnait souvent, raconte un auteur contemporain, et pratiquait tant d'autres austérités, que son corps était désséché comme un cadavre.

Cet heureux ensemble de talents et de vertus lui fit confier successivement plusieurs emplois importants dans la Compagnie. Assistant depuis l'année 1665, il fut nommé supérieur de la communauté de la paroisse Saint-Sulpice en 1676, et s'acquitta de cette fonction avec tant de succès que, deux ans après, M. de Poussé lui résigna sa cure. A peine investi de cette nouvelle charge, le 4 novembre 1678, M. de la Barmondière voulut connaître par lui-même tous les besoins de sa paroisse. Il s'informa en particulier de l'état des familles indigentes, du nombre et de la situation des écoles et des autres établissements formés par ses prédécesseurs ; et, non content de soutenir le bien qu'ils avaient commencé, il l'étendit et le compléta par sa vigilance et par son zèle, en dépensant généreusement avec les revenus de sa cure ceux de son riche patrimoine. Nous citerons seulement les catéchismes, dans lesquels il aimait à distribuer des récompenses, pour seconder le zèle de M. Baühin qui en était alors Directeur; — les anciennes écoles qu'il visitait assidûment et auxquelles il adjoignit une manufacture, afin de procurer du travail et quelques ressources aux enfants pauvres ; — de nouvelles écoles gratuites, dans lesquelles on instruisait les jeunes filles indigentes, tout en leur apprennant les métiers les plus utiles ; — la maison des Sœurs de l'*Enfant-Jésus*, dont le noviciat a subsisté jusqu'à la Révolution dans la rue Saint-Maur ; — le premier établissement qu'on ait eu à Paris des Frères des Écoles chrétiennes, du B. de la Salle, le 25 février 1686 ; — la création, en 1686, en faveur des séminaristes pauvres, d'une maison qui fut tard réunie au Séminaire ; — enfin, la fondation d'une communauté du Bon-Pasteur, destinée à servir d'asile aux filles pénitentes. En même temps M. de la Barmondière multipliait les assemblées de charité pour le soulagement des indigents, des enfants orphelins, des nouveaux catholiques et des pauvres honteux. Enfin, on lui doit la création de la chapelle des Allemands, ou de la *petite paroisse*, ainsi appelée, parce qu'elle servit d'église paroissiale aux écoliers et à tous ceux qui se plaignaient de ne pouvoir assister aux offices avec le commun des fidèles.

On est surpris qu'il ait pu mener à bien, en moins de dix ans, tant d'œuvres différentes. Et cependant il travaillait à diminuer les dettes que la fabrique de Saint-Sulpice avait contractées pour la construction de l'église. Elles s'élevaient à plus 500,000 fr. lorsqu'il prit possession de la cure. Après avoir essayé différents expédients qui n'eurent pas un plein succès, il exposa la situation au Conseil du roi qui ne trouva de remède que dans l'imposition d'une taxe sur toutes les maisons du faubourg Saint-Germain. Dans le temps même où cette mesure, naturellement impopulaire, fut mise à exécution, M. de la Barmondière fut atteint d'une maladie grave qui l'obligea de résigner sa cure à M. Baudrand, directeur du Séminaire, le 7 janvier 1689. Il revint à la santé, et sa guérison causa dans la paroisse une joie universelle que traduisirent plusieurs pièces de vers latins et français, composés à cette occasion. A peine convalescent, il reprit simplement son rang d'ancienneté dans la communauté des prêtres de la paroisse qu'il édifia par sa régularité, par sa charité envers les pauvres et par son entière subordination à l'égard de son successeur. Toujours levé des premiers, il disait la sainte messe avant l'oraison en commun, à laquelle il assistait exactement, ainsi qu'à tous les autres exercices. Or, bien qu'il rendît ainsi à la paroisse tous les services dont il était capable, il voulut payer sa pension, comme un simple surnuméraire.

M. Tronson le chargea plusieurs fois de visiter en son nom les séminaires de province. Il eut même la consolation de venir deux fois à Saint-Irénée, en cette qualité (août 1687 et mai 1691). Enfin, c'est dans l'exercice de ce ministère qu'il contracta le germe de sa dernière maladie. De retour à Paris, au commencement de l'année 1694, il se fit aussitôt transporter à l'infirmerie du Séminaire, suivant l'usage qui s'observait alors pour tous les prêtres de la paroisse. Pendant plusieurs mois que dura sa maladie, il édifia constamment ses confrères par sa foi vive, sa parfaite résignation et sa confiance filiale envers la T.-S. Vierge. Il mourut en odeur de sainteté, le 18 septembre de la même année, à l'âge de 63 ans, et fut inhumé dans la chapelle basse du Séminaire, auprès de M. de Poussé, son prédécesseur.

2. — Guillaume Bourbon naquit à Villefranche, en 1629. Nous n'avons aucun détail sur sa famille, ni sur sa première éducation. Après avoir terminé ses études classiques, il resta plusieurs années dans le monde. Passionné pour les voyages, il entreprit, vers l'âge de trente ans, de visiter l'Italie. Divers accidents lui avaient déjà donné occasion de réfléchir sur la vanité et l'inutilité de ce genre de vie, lorsque, en revenant de Rome, il eut la pensée de s'arrêter à Lorette, dans la sainte maison où s'est opéré le mystère de l'Incarnation. Il y éprouva de fortes impressions de grâce qui déterminèrent son entière conversion au service de Dieu. Fidèle aux avis d'un saint religieux auquel il s'était adressé en confession, il se hâta de revenir en France et entra au Séminaire de Saint-Sulpice, le 18 avril 1660. Dès lors, pour se donner à Dieu avec un parfait dégagement du cœur, il se dépouilla de tout son patrimoine. Ses professeurs de théologie n'eurent pas de peine à remarquer en lui, sinon des qualités brillantes et des talents extraordinaires, du moins la rare droiture de son esprit, avec un heureux mélange de sagesse et de simplicité candide. Aussi, lorsqu'il témoigna le désir de s'attacher à la Compagnie de Saint-Sulpice, M. de Bretonvilliers l'y admit volontiers (1665,) et, en lui donnant la charge de secrétaire particulier, il ne tarda à en faire son confident le plus intime, le coadjuteur de ses bonnes œuvres, le compagon ordinaire de ses pèlerinages et de toutes ses dévotions. De son côté, M. Bourbon répondit à la confiance de son supérieur par le plus respectueux attachement, par un dévouement sans réserve et par une véritable docilité d'enfant. Ces dispositions réciproques se manifestèrent surtout dans le voyage que M. de Bretonvilliers fit en Italie, en 1671, et dans lequel il voulut être accompagné de M. Bourbon. La sainte amitié qui les unissait semblait même devenir plus étroite, à mesure que le moment de leur séparation approchait. Et, durant sa dernière maladie, le bon supérieur prodigua à son secrétaire les plus touchants témoignages d'intérêt.

L'assemblée générale qui, après la mort de M. de Bretonvilliers, confia à M. Tronson le gouvernement de la Compagnie, mit M. Bourbon au nombre des assistants. C'était apprécier et reconnaître les bons offices de ce modeste et fidèle serviteur. Comme son prédécesseur, M. Tronson avait coutume de communiquer les affaires les plus secrètes et les plus importantes; il le gardait même avec lui dans les longs séjours qu'il était souvent obligé de faire à Issy. Nous en avons la preuve dans sa volumineuse correspondance, tout entière écrite de la main de M. Bourbon.

A tous ces témoignages d'estime et de confiance l'humble prêtre répondait par un redoublement de zèle et de dévouement pour le bien du Séminaire et de la Compagnie. Non content de contribuer, par ses libéralités, à la construction de la chapelle de Lorette, et de fonder successivement (1693 et 1704) les deux lampes d'huile qui ont brûlé depuis, dans ce sanctuaire, il se démit (1694), en faveur du Séminaire Saint-Irénée, de son prieuré de Chandieu-en-Forez, comme nous le dirons en son lieu. Mais surtout, persuadé que son premier devoir était de procurer à M. Tronson tous les soulagements dont il avait besoin dans ses douloureuses infirmités, et de prolonger autant que possible une vie si précieuse et si utile au clergé, il trouvait la plus douce consolation à l'entourer de soins assidus avec le plus tendre dévouement, avec une affection toute filiale.

La mort de M. Tronson (février 1700) laissa dans le cœur de M. Bourbon les mêmes impressions de douleur, de respect et de vénération que lui avait causées autrefois la perte de M. de Bretonvilliers. Parvenu à l'âge de soixante-dix ans, il eût désiré passer le reste de ses jours à Lorette, aux pieds de Notre-Seigneur et de la T.-S. Vierge, pour prendre soin de cette dévote chapelle, en méditant sur le mystère de l'Incarnation, et pour représenter habituellement auprès de la sainte Famille la petite Compagnie qui est tout particulièrement vouée à l'honneur de l'auguste sacrement de l'Eucharistie, sous les auspices de la divine Marie. En vain eut-il l'adresse d'évoquer les sentiments bien connus des premiers Supérieurs de Saint-Sulpice et d'ajouter qu'il se croyait incapable de rendre désormais d'autres services à la Communauté. M. Leschassier, successeur de M. Tronson, tout en louant ce pieux dessein, ne jugea pas sage d'en permettre l'exécution. Ce n'est pas en effet dans un âge avancé, avec des infirmités toujours croissantes, que le pieux solitaire de Lorette eût pu commencer ce nouveau genre de vie.

M. Bourbon mourut à Saint-Sulpice, le 15 novembre 1709. Fénelon, qui avait eu quelques relations avec lui, prit une part très sensible à sa mort et fit le plus bel éloge de sa vie, dans une lettre écrite à M. Leschassier, le 19 du même mois : « Je suis véritablement touché de la mort de M. Bourbon. Tout ce qui lui avait été cher à M. Tronson me l'était aussi. De plus, j'aimais et je vénérais du fond du cœur M. Bourbon : c'était un saint prêtre. Je prie Dieu qu'il vous en donne beaucoup de semblables, et que les ouvriers qui se forment chez vous ressemblent aux anciens formés par M. Olier et M. Tronson. La solide piété pour le Saint-Sacrement et pour la Sainte Vierge, qui s'affaiblit et se dessèche tous les jours par la critique des novateurs, doit être le véritable héritage de votre maison. Je ne manquerai pas de prier pour M. Bourbon ; mais je compte que c'est lui qui priera pour moi : j'ai une vraie confiance en ses prières. »

Entre tous les manuscrits laissés par M. Bourbon, notons seulement les 15 vol. in-folio de la correspondance de MM. Tronson et Leschassier. Ses écrits portent le caractère de piété, de candeur et de simplicité qui le distinguait éminemment et qui lui mérita l'estime comme la confiance des trois Supérieurs généraux dont il fut secrétaire intime, durant près de quarante ans.

3. — Nous avons beaucoup moins de détails sur M. Pierre Masson. Entré clerc au Séminaire Saint-Irénée, le 16 mai 1662, il fut envoyé Directeur au Séminaire de Limoges, le 4 décembre 1670. Lorsque, au nom du Supérieur de Saint-Sulpice, M. Bardon fit la visite de cette maison, en 1677, il apprécia en ces termes le digne disciple de M. d'Hurtevent : « M. Masson est chargé d'une classe de théologie morale et s'en acquitte si bien que, dans ce pays, on croit impossible de trouver un autre professeur également capable. Il fait aller le règlement et s'y rend très ponctuel. Outre la répétition de l'oraison, il donne des entretiens aux ordinands et partage avec un autre confrère les examens des appobations. Depuis deux ans, il a l'administration des revenus de la maison, en qualité de syndic ; il prend encore soin de lever la taxe du clergé. C'est un esprit à trouver sa paix en toutes choses. »

Dès lors, M. Tronson désirait reprendre M. Masson pour le Séminaire Saint-Sulpice, et il manifestait cette intention (20 mars 1677) dans sa première lettre à Mgr Lascaris d'Urfé qui venait d'être nommé à l'évêché de Limoges. Ce fut seulement en 1681 que ce projet put se réaliser. Aux regrets exprimés alors par Mgr d'Urfé M. Tronson répondait le 14 juin de cette année : « L'estime que vous témoignez de M. Masson me fait connaître combien nous vous sommes obligés de nous l'avoir rendu. » — Et, le 26 du mois suivant, il écrivait au même prélat : « M. Masson fait déjà parler de lui et avec éloge ; . . . . .

Tout le monde est content de lui ; j'espère qu'il ne le sera pas moins de nous. » A la fin de la même année (1681), M. Masson fut mis au nombre des assistants. On espérait de lui les meilleurs services, lorsqu'il mourut presque subitement, au mois de mai 1684. M. Tronson, écrivant à plusieurs personnes, à l'occasion de son décès, disait de lui : «Nous avons perdu un excellent ouvrier, capable de tout, un sujet bien accompli et propre à tout, un fidèle serviteur de Dieu, qui faisait de grands biens en son Eglise ; il nous aidait beaucoup : l'on pouvait en sûreté se reposer sur lui de toutes choses. »

Comme on le voit, les trois Lyonnais dont nous venons de parler furent en même temps du nombre des douze assistants de la Compagnie.

4. — M. Claude Dutour ou du Tour, né à Saint-Pierre de Villieu, en Bresse, (aujourd'hui paroisse du diocèse de Belley), annonça de bonne heure les plus heureuses dispositions pour la piété. Dans le cours de ses études, qu'il fit à Lyon, au collège des PP. Jésuites, « il avait coutume d'aller, tous les jeudis, se promener dans la campagne avec deux de ses condisciples, et tous trois ensemble parlaient de Dieu, depuis le matin jusqu'au soir, sans se lasser jamais. » Il reçut la tonsure, au mois de mai 1643, les ordres mineurs et le sous-diaconat à Noël de la même année, et fut, croyons-nous, ordonné prêtre en 1647 ou 1648. D'abord chanoine de la collégiale de Saint-Symphorien de Trévoux, il devint plus tard curé et doyen de celle de Montluel. Ces bénéfices ne l'empêchèrent pas d'être l'un des principaux auxiliaires de M. Crétenet dans l'œuvre qu'il avait fondée pour la sanctification des étudiants ecclésiastiques et de vaquer souvent, avec les prêtres Joséphistes, au ministère des missions. Quand leur Communauté se sépara de M. Crétenet, leur fondateur, M. Dutour la quitta pour entrer au Séminaire de Saint-Sulpice (21 juillet 1663). Cinq ans plus tard (9 novembre 1668), il fut admis dans la Compagnie. A peine était-il arrivé à Paris, que M. Chénart, supérieur du Séminaire de Clermont, qui sans doute l'avait avantageusement connu dans les missions du Vivarais et des Cévennes, le demanda pour le mettre à la tête des missionnaires qu'il aurait voulu établir dans sa maison. Ce projet ne fut pas agréé de M. de Bretonvilliers, qui, voulant s'appliquer uniquement à l'œuvre des Séminaires, chargea M. Dutour d'un cours de théologie à Saint-Sulpice. C'est dans l'exercice de cette fonction que l'ancien missionnaire mourut à Paris, le 30 octobre 1675.

Imp. WALTENER ET Cⁱᵉ, rue Belle-Cordière, 14, à Lyon.

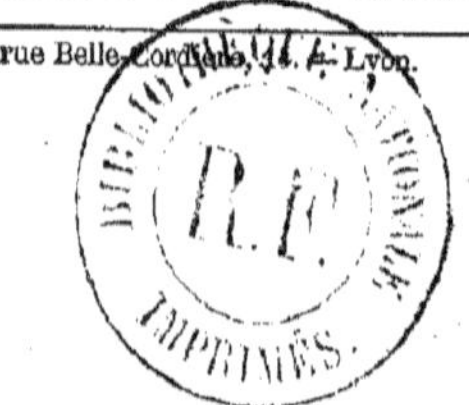